大藏區

蓮師聖地巡禮

甘孜藏族自治州石渠縣巴格嘛呢石經牆蓮師。

再續前緣

2005 年，虛歲半百，因緣和合，提早退休，春暖花開之際啟程，以背包客方式獨行大藏區近兩個月，接著又在位於拉薩市的西藏大學遊學兩學期，重新接續上我和西藏已經不知多少世的因緣；而今生因緣也就此開展。

2008 年，經過百般尋覓，皈依南卓林佛學院首屆五大堪布之一的徹令多傑仁波切，成為寧瑪白玉傳承一員，除了跟隨上師努力依次第修學，也發願餘生要以一支拙筆為西藏、為藏民、為佛法盡一份心力！

2014 年，動念撰寫《蓮師在西藏》，一開始困難重重，由於資料有限，加上大藏區（指西藏自治區及青海、甘肅、四川、雲南四省境內的藏族自治州）總面積將近 70 個台灣大，要在如此廣闊的幅員中尋找蓮師聖地，並非易事。但隨著一趟又一趟揹著背包獨行探訪，龍天護法、諸佛菩薩皆化現僧俗大眾前來相助，引領我成功地朝聖了一個又一個的蓮師聖地。

地點之多，內容之豐富，到後來已遠遠超過一本書所能容納，因此，2018 年底出版第一冊，先介紹 36 處聖地，其餘納入本書。

這麼多年來，每年大半時間都在大藏區朝聖蓮師聖地，頂禮蓮花生大士，引領我走過每一個聖地，箇中滋味，如人飲水，冷暖自知，過程之酸甜苦辣罄竹難書，不可免的翻山越嶺，徒步跋涉，歷經摸黑趕早、烈陽曝曬、雨雪冰雹，也曾數次獨自一人在山中迷路……。

甘孜藏族自治州德格縣多吉扎寺後山蓮師
閉關修行洞。

最終抵達蓮師聖地，那一刻，感受到聖地的殊勝及蓮師的加持力，席地而坐，或修《上師相應法》，或誦〈蓮師七句祈請文〉，或持〈蓮師心咒〉。蓮師曾允諾：「只要弟子用虔誠、渴望的旋律吟唱七句祈請文和心咒祈請我；用法器的敲擊聲熱烈地呼喚我，我將立刻從銅色吉祥山到來，予以加持，像無法抗拒愛兒呼喚的母親。這是我的誓言。」每憶念及此，眼淚總會無聲無息簌簌流下，汗毛直豎，涕泗縱橫。

一路踽踽而行，柳暗花明，前後共圓滿朝聖了大藏區 74 處蓮師聖地。如今回想，這一切多麼奇妙多麼不可思議！有些聖地，我到底是從何得知？又是如何前往？彷彿做夢，只有在夢中，一介凡夫如我，才有可能上天下地，具備無比廣大的能耐！

話說回來，人生原本就是一場大夢，只不過我們凡夫不知是夢，執妄為真。

僅將這些蓮師聖地，呈獻給每一位對蓮師具足信心的有緣眾生，蓮師曾開示：「任何聽聞或讀誦我生平故事的人，都將得到利益和加持。」

頂禮蓮花生大士，我願隨汝而修行。

嗡啊吽，班雜古魯貝瑪悉地吽～

大藏區

蓮師聖地巡禮

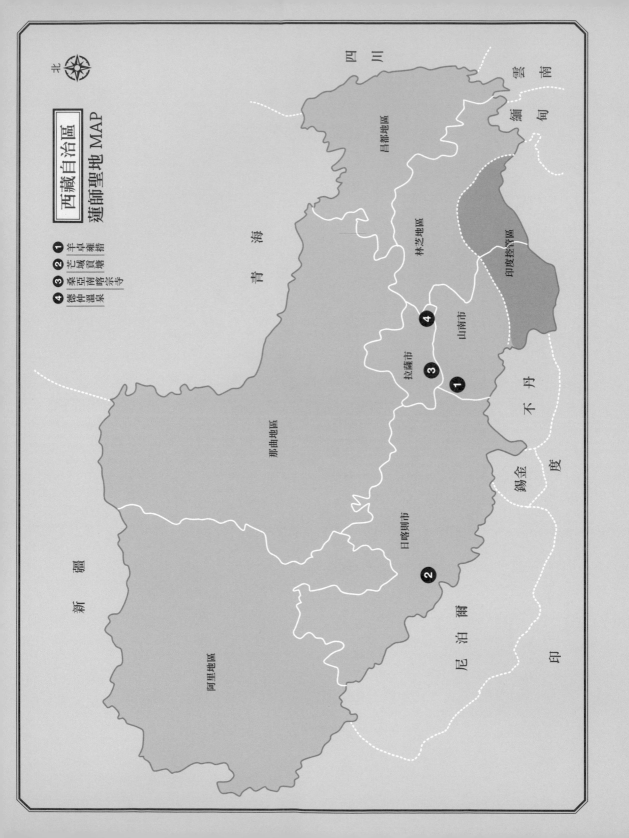

第一章
西藏自治區

山南市
羊卓雍措 ཡར་འབྲོག་གཡུ་མཚོ

與納木措、瑪旁雍措並稱為西藏三大聖湖的羊卓雍措（簡稱羊湖），位於山南市浪卡子縣，面積675平方公里，湖面海拔高4400多公尺，是喜馬拉雅山北麓最大的內陸湖泊，也是蓮花生大士和耶謝措嘉佛母加持過的聖地。

藏語意思「羊」指上面，「卓」指牧場，「雍」指碧玉，「措」指湖，合起來就是「上面牧場的碧玉之湖」。由於湖的形狀不規則，湖岸曲折，蜿蜒一百多公里，有如珊瑚枝一般蜿蜒，因此，也被稱為「上面的珊瑚湖」。

在藏人心目中羊湖有如「天女散落的綠松石耳墜」，湖水隨著觀賞及陽光照射角度的不同，會變化出深淺色彩，層次豐富，光彩奪目。

湖邊水草豐美，是個豐饒的高原牧場，當地民歌唱誦：「天上的仙境，人間的羊卓。天上的繁星，湖畔的牛羊。」時常可見成群牛羊在湖邊漫步，並有各種水鳥棲息飛翔，充滿生機野趣。

相傳此處原本只是分散開的9個小湖泊，空行母耶謝措嘉擔心小湖日久容易乾

站在桑丁寺，可居高臨下欣賞羊湖西南側空曠美景。

涸，湖中生靈會涸死，於是往空中拋出黃金數兩，誦咒祈願，將所有小湖合為一體，變成大湖泊。

從空中鳥瞰，分布如珊瑚枝的羊湖酷似一隻蠍子，湖中有大小不一的21個小島，各自獨立，其中位居蠍子心臟位置的是雍布朵島（意思是鹿母子臥睡之地），島上有一座16世紀中葉，仁增多俄迴乃興建的寧瑪派雍布朵寺，因此也有人稱它「廟島」。小島南側湖中有一塊露出水面的岩石，形似手掌，傳說是蓮花生大士雲遊羊湖時留下的手印。

根據記載，雍布朵寺收藏許多聖物，包括天人供養給創寺者多俄迴乃尊者的伏藏品蓮師聖像（拇指大小）；建寺挖地時得到的烏金材質釋迦牟尼佛聖像；耶謝措嘉佛母頭蓋骨（上有清晰的藏文阿字和金剛亥母像）；多俄迴乃尊者從聖湖取出的一對鑔（聽到鑔聲的眾生，今世將不墮惡道）；大遍智龍欽巴尊者舍利子；不丹大伏藏師貝瑪林巴尊者（龍欽巴尊者轉世）從聖湖取出的刀，上有很多文字和觀音菩薩、龍的圖像。

在羊湖西南岸另有一座建在山丘上的桑丁寺，香巴噶舉支派，是全西藏唯一有女活佛的寺廟，已有八百多年歷史。女活佛多吉帕姆（寺內供有歷代多吉帕姆的肉身）被認為是金剛亥母的化身，藏密視金剛亥母為「諸佛之母」「一切智慧之母」，頭部有一個豬形頭，因為豬屬亥時，所以稱為亥母。

歷代多吉帕姆及寺僧長期修習金剛亥母密法，傳說都會變身。史料記載，西元1716年，準噶爾蒙古軍隊入藏，要多吉帕姆表演變身法術，被拒絕後，蒙古軍攻入寺院，卻發現寺中一個人也沒有，只有一群豬在鳴叫，官兵被神通所折服，最後成為桑丁寺的施主。

公路越過海拔 5030 公尺岡巴拉山口後，鑲嵌在群山中的羊湖現身了。

提供遊客拍照的牦牛成為羊湖一景；遠方積雪山峰即海拔 7206 公尺的
寧金抗沙峰，是後藏地區著名的神山。

十多年來我拜訪過羊湖將近10次，不同的季節、天候，羊湖容顏百變。

沿湖公路有幾處小徑可下到湖畔，白色的沙石勾勒出美麗的圓弧線。

西藏自治區
▽
日喀則市
▽
吉 隆 縣
▽
芒 域 貢 塘

日喀則市
芒域貢塘 མང་ཡུལ་གུང་ཐང་།

　　根據藏文史書，七世紀，松贊干布娶尼婆羅（尼泊爾）尺尊公主，係通過西南邊境的「芒域」進入吐蕃（西藏古名）國境，這條連接吐蕃和尼婆羅之間的要道就叫「蕃尼古道」。

　　有人主張蕃尼古道是在尺尊公主入藏後才形成，其實這條通道早已存在，也作為唐朝去天竺的必經之地，只是在尺尊公主入藏前，使用率很低。連西元631年前往天竺取經的玄奘大師，也選擇走路途遙遠的絲綢之路（比較順暢）。直到文成公主於西元641年入藏後，取道唐蕃古道再走蕃尼古道前往天竺的人，才明顯增多。

　　走蕃尼古道進入吐蕃後的第一個要鎮，便是今日的吉隆，吉隆在西藏古史中乃「芒域貢塘」的中心區域。芒域是古地名，貢塘指貢塘王朝，是吐蕃分裂時期的一個王系，統治地區位於吐蕃與尼泊爾、不丹交界處，大約是今日阿里普蘭至後藏昂仁、吉隆等縣，時至今日，吉隆縣境內仍保留有貢塘王城遺址。

　　位於那一區域北面的貢塘拉姆山，歷來便是吐蕃南界的重要關口。據《西藏王臣記》記載，蓮花生大士最初入藏，也是經由此山口，蓮師一路收伏十二丹瑪女神後，命她們守住此山口，不讓印度外道進入。

海拔5300公尺的貢塘拉姆山口，蓮師從這裡離開吐蕃前往西南羅剎國。

翻過貢塘拉姆山口後，公路盤旋而下，直降到海拔2000多公尺的吉隆縣。

密勒日巴洞位於日吾班巴山崖壁上,有十多位帕巴拉康的阿尼在閉關。

吉隆鎮郊外山林,蒼翠盎然,有許多民宿提供遊客食宿。

蓮師在吐蕃弘法圓滿後，觀察到西南方有一食肉羅剎國，若不前往調伏，將會侵害南瞻部洲眾生；於是，他在芒域貢塘的貢塘拉姆山辭別眾人，針對王臣、比丘、瑜伽士、藏民、功德主……等不同對象給予教誨叮嚀後，融入虛空飛往羅剎國，度化羅剎王的神識匯歸法界，再進入其身體，以羅剎王身份調伏羅剎眾生，廣揚密法。

　　芒域貢塘不僅是蓮師進出吐蕃的要地，發明西藏文字的吞彌桑布扎前往天竺學習，以及寂護大師自天竺至吐蕃宏揚佛法，也都是經由芒域貢塘走蕃尼古道。

　　翻過海拔5300公尺的貢塘拉姆山口，公路往南盤旋而下，降到海拔2000多公尺的吉隆縣，進入吉隆溝，造物之神奇在此展露無遺，大地從高海拔的寒冷荒涼，轉為綠意盎然，溫暖溼潤，而在感受遠離寒冬，春暖花開之際，一抬頭，雄偉的雪山拔地而起，環繞天邊，景觀雄偉壯麗。

　　位於南方中尼邊境的吉隆鎮與北方的吉隆縣城相距約70公里，吉隆鎮海拔2850公尺，鎮東有一座小寺「帕巴拉康」，始建於西元637年，是一座樓閣式石木塔的建築，高四層。據說是松贊干布依尼泊爾尺尊公主提議所建，帶有尼泊爾寺廟風格，壁畫非常豐富。

　　環繞吉隆鎮四周的群山峻嶺中，分散著無數昔日蓮師閉關加持過的聖地，有些隱秘不為人知。我們在藏族嚮導帶領下，走訪其中一處徒步約1小時就可抵達的蓮師閉關洞，前往此洞需先通過位於吉隆鎮南側約2公里的吉普大峽谷，峽谷由岩層斷裂和吉隆藏布河的深切作用而形成，最深處約300公尺。峽谷兩側以一座凌空的鋼索吊橋相連接，一旁正在興建新水泥橋。

　　過吊橋後，步道穿梭在蒼翠繁茂的森林中，緩緩上坡，半個多小時便抵達蓮師閉關修行洞，是個天然形成、寬廣的屋簷型崖洞，當地民眾在崖洞下方修建了一座小佛堂，兩旁並有閉關房。

始建於西元 637 年的帕巴拉康，是一座樓閣式石木塔的四層樓建築。

| 右
帕巴拉康珍藏的蓮師腳印石。

| 左
前往蓮師閉關洞需經過吉普大峽谷，吊橋凌空險峻。

| 下
帕巴拉康有許多古老壁畫。圖為 21 度母。

|上
從小佛殿一旁可爬上屋簷型崖洞，底部即小佛殿屋頂。

|右
蓮師閉關洞下方的小佛殿（沒電）供奉著蓮師腳印石；壁上凌亂的手印代表蓮師降伏妖魔鬼怪，使其皈依佛教。

|左
崖洞壁面自顯蓮師像。

蓮師閉關洞寬廣，以超廣角拍攝才能完整呈現。（布大攝）

西藏自治區
▼
拉　薩　市
▼
曲　水　縣
▼
桑亞南喀宗寺

拉薩市
桑亞南喀宗寺 ཟངས་ཡག་ནམ་མཁའ་རྫོང་དགོན།

　　桑亞南喀宗寺又稱桑亞扎寺，位於西藏拉薩市曲水縣才納鄉協榮村，距離拉薩市區約40多公里。藏語意思「南喀」是天空，「扎」是山岩，由字面不難看出寺廟建在山岩高處，宛如位於空中。目前有20多位阿尼在此修行，這一帶也是放生羊與拉薩岩蜥比較集中之地，宛如動物天堂。

　　自古以來此處便是神聖的隱修處與伏藏處，根據記載，8世紀，蓮花生大士受邀來吐蕃傳法，曾親臨此地，與佛母耶謝措嘉在山洞閉關靜修3個月。後來，大遍智龍欽巴尊者在此閉關修行，並在這裡向千萬名弟子講授《大圓滿心性休息論》；雄色寺的吉尊仁波切（註1）也在此閉關了10年，據載吉尊仁波切於此向觀音菩薩祈禱，岩石上自然流出甘露，因此被稱為「甘露大法師」。

　　寺廟緊貼崖壁，殿堂和僧寮依山壁形勢而建，巧奪天工。以寺廟所在的日吾昂山為中心，東方矗立有西藏五台山之稱的山脈及自然形成的沙地大象，南方有自顯

註1：吉尊仁波切是寧瑪派在西藏最大尼姑寺雄色寺（或譯休色寺）的大師，其傳奇可參看作者《觀音在西藏 —— 遇見世間最美麗的佛菩薩》一書94頁。

21度母的山脈，西方有形如雄鷹的巨石和神湖，北方有烏香古寺。

　　朝聖時，階梯陡峭，設有繩索供人攀扶往上爬，首先抵達的是佛母耶謝措嘉修行洞，洞內正面供奉佛母和蓮師的塑像，兩側供奉著寺廟歷代大師及近代虹光身成就的寧瑪派大師法照。依據《桑亞南喀宗寺略誌》記載，此洞內有蓮師頭印、身印及掘藏大師古如覺孜掘藏之洞，可惜現場無人講解，無法分辨。

　　再往上爬，進入一間新建的小佛殿，昔日蓮師修行洞位於殿內壇城後方的最裡處，依據《桑亞南喀宗寺略誌》記載，洞內有天然形成的片石蓮師法座，也有蓮師腳印、身像和稀有的密法伏藏岩洞等，但因修行洞的入口興建了一座壇城，而且壇城還用玻璃整個罩住，目前朝聖客已無法進入修行洞。

　　壇城上有數尊蓮師塑像，其中一尊胸口透明，可清楚看到胸中安放著掘藏大師古如覺孜開掘的五尊蓮師代表之其中一尊。

　　掘藏大師古如覺孜是由蓮師親自預言的一位大佛學家，也是八思巴時期西藏著名的大乘密法傳承者之一。小時家境貧窮，為大戶人家放羊，後來因緣具足，自桑亞南喀宗岩縫掘藏30多部佛教經典、蓮師25弟子代表及大師身像等眾多珍寶。

遠望礫石岩壁環繞的桑亞南喀宗寺，宛如沙漠中的一方綠洲。

近觀桑亞南喀宗寺，殿堂僧寮緊貼岩壁興建。

石階拾級而上，兩旁設有繩索供人攀扶。

攀爬到一半，回首可見山腳下拉薩河流域。

│ 右
此處是放生羊與拉薩岩蜥集中之地，一隻放生羊不怕生，好奇地望著正在拍藏文寺名的我。（Yachun 攝）

│ 左
佛母耶謝措嘉閉關洞。

│ 下
耶謝措嘉閉關洞內，供奉蓮師、佛母塑像和高僧大德法照。

| 上

寺誌記載這座自高向低迤邐的山坡，是 21 度
母的化現。

| 右

壇城一尊蓮師塑像的胸口透明，安放著掘藏
大師古如覺孜開掘的五尊蓮師代表之其中一
尊。（禁止拍照，此圖翻拍自寺誌小冊）

| 左

佛殿內設立壇城，以玻璃防護，壇城後方即
蓮師閉關洞所在。

拉薩市

德仲溫泉 གདར་སྒྲོལ་ཆུ་ཚན།

德仲溫泉位於墨竹工卡縣門巴鄉德仲村，海拔近4500公尺，距墨竹工卡縣城73公里，蓮花生大士與耶謝措嘉佛母曾在溫泉後方的德仲山閉關修行，當時一些鬼怪使盡神通想阻止蓮師與佛母為清除魔亂障礙而進行的閉關，但因山中洞穴眾多，鬼怪無論怎麼找也找不到蓮師與佛母修法的隱秘山洞，無法作亂。

修行洞所在的德仲山因此被稱為德仲珍寶神山，修行者只要在修行洞內待上片刻，就能得到蓮師與佛母的巨大加持。

另外也傳說昔日當地有一妖魔，變幻出一個深泉，注滿毒水，想用毒水淹沒此地的生靈。當時蓮師正在德仲山修行，獲悉後扔出金剛杵，將地面打出一個大洞，引導毒水流光，並將毒物來源堵在一座佛塔之下。那座佛塔就位於今日德仲寺附設的旅館前方，底部基座與一般佛塔不同，呈星狀光芒。

同時，為了防止毒水危害生靈，蓮師又在地下放入很多礦石，使毒水變成熱度適中、能治病的溫泉。溫泉水一般呈淡青色，清澈見底，但當地人表示：每逢不同吉祥日，溫泉會呈現乳白色、淡黃色或淺紅色等各種顏色。

著名的直貢噶舉派直貢梯寺距德仲溫泉約7公里，建立於1179年，當時一些也想精進修行的阿尼，見狀便在德仲溝修建了一座阿尼寺（屬直貢噶舉派），也就是今日德仲寺的前身，如今有130多位阿尼於此修行。

德仲溫泉已有 1000 多年歷史，經相關單位勘驗，水中含有硫磺、寒水石、石瀝青、款冬花等多種對人體有益的礦物質，因此以具有良好藥理作用而遠近馳名，藏民都視此溫泉為具有藥效的神水。

池邊供放蓮師佛像和哈達，來泡溫泉的人，既沐浴在藥效溫泉中，也沐浴在蓮師的加持中。當地人在泡溫泉時都會做一個動作，就是趴在水中，雙手抱住蓮師佛像下的一塊大石頭，將腹部貼住石頭幾分鐘，然後喝幾口溫泉水，據說這樣腸胃會變得很健康。

溫泉位在山谷底部，氤氳熱氣環繞，水溫常年 40℃ 左右，水中及四周有時會出現一種無毒小蛇，名為「溫泉蛇」，是中國獨有的珍稀蛇類，通常棲息在青藏高原溫泉附近洞穴，溫和不會傷人，粗細如大拇指，藏民視其為藥蛇，會增加水的療效，並認為如果被藥蛇咬到，不但代表自己是有福報的人，若身體有病，藥蛇還能幫忙治病呢！

｜右頁
德仲溫泉全景，右側高處白色佛殿後方為蓮師修行洞。

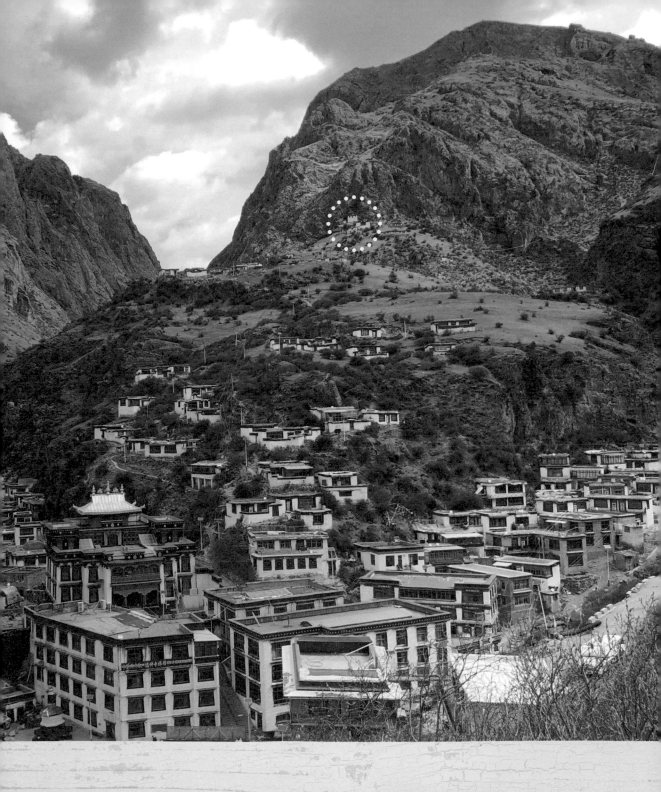

傳說蓮師將毒物來源堵在這座佛塔下方，
以佛塔鎮壓。

蓮師扔出金剛杵所打出的大洞，流水穿過
岩壁外流；圖右設有開放式溫泉池。

遠方隔著山谷的對面峭壁左側，據說還有蓮師的另一修行洞，但山高路遙難行。

德仲溫泉分為上溫泉和下溫泉，圖為下溫泉業者供奉於泉畔的龍王神，背後是昂首而立的靈蛇。

往上爬約一個多小時抵達位於山谷右側半山腰的蓮師修行洞，外圍有木門，需請德仲寺阿尼開鎖才能進入。蓮師曾在此閉關7年7個月又7天。

蓮師修行洞左側岩壁上，蓮師留下一左一右
兩個手印。

蓮師修行洞右側岩壁上，有天然自顯的金剛鈴
和杵。

供奉在洞內壇城上的暗紅色岩石乃蓮師腳印。

天然自顯的猴臉石頭。

第二章
青海省

玉樹藏族自治州
江多德神山 རྒྱལ་རོ་དེ་གནས་རི།

　　江多德神山位於玉樹州府結古鎮往南100公里的麻亞鄉，海拔5725公尺，全名江多德貢嘎雀吉神山，屬崗（藏語指雪）、雜（藏語指草）、多（藏語指石）藏區三大神山之一（另二神山是岡仁波齊山和扎日山）。

　　此神山屬蓮師預言的21處藏區修行雪嶺冰川之一，也是多康25座神山之一的寂靜事業教化眾生之聖地，藏語有多種稱呼，白瑪喜日（蓮花水晶山）、多德東嘉瑪（百億多德），係苯教及西藏佛教各教派的伏藏和修行聖地。

　　依據藏經典所述：在宇宙初形成時，江多德貢嘎神山同須彌山及四大部洲自然形成。後來，須彌山及四大部洲被大自在天和烏摩妃所征服，正法面臨危機，當時，金剛總持佛、馬頭明王及金剛亥母降伏大自在天和烏摩妃及眷屬，點化他們的腦漿和血液成聖湖。並讓大自在天的8位貴子下凡護衛江多德貢嘎神山，故其8子稱「多德貢嘎雀金」。之後，金剛手菩薩為江嘉多德山神灌頂，讓其接觸無上密法；繼而蓮花生大士親臨雪域，廣轉金剛密法，為未來眾生伏藏身、語、意之法門時，也授予貢嘎雀金居士戒，護佑神山之主。

依據記載，以江多德神山為主的雪山四周，分佈著不同顏色不同深淺的聖湖共108個，這108聖湖皆有眾多掘藏大師們掘藏的歷史記載，其中最大最容易到達的湖泊是白湖和黑湖。

白湖就位在神山正前方（南面）的凹地中央，呈橢圓形，長約750公尺，寬約300公尺，正式名稱叫「賽沃措」，但當地人俗稱「措嘎」（藏語，意指白湖），是天然生成的壽寶瓶，具有無量佛的加持。湖面與聖山頂落差約1000多公尺，四面環山，灌木花草遍佈，若環湖徒步（繞一圈約1小時）、禮拜或飲湖水，能減輕疾病獲得長壽。伏藏經文並記載：轉聖湖10圈等同轉山頂1圈，均有念誦100億蓮師心咒的功德。

黑湖當地人俗稱「措那」（藏語），位於神山西南側的公路旁，長約1.66公里，寬約0.86公里，比白湖大兩倍多。

在神山北面有個山洞叫雜摳（熱水溝），湧出的溫泉具有藥師佛的加持力，可治關節炎、頭疼等多種病症。昔日文成公主、八思巴、第九世班禪等眾多高僧大德，還有大官貴族都曾親臨浸泡。

自古流傳猴年轉江多德神山功德最殊勝，一般分頂轉、中轉、全轉。頂轉時間最短，從神山正面的白湖為起點，只需一整天。若遇良辰吉日轉山，具緣者還能看、聽或感受到五方佛及眾菩薩、本尊、護法等的存在。

途中向兩位藏族婦女問路，她們手持木棍鐵鍬，正要去挖蟲草。

翻越數個山坡後，神山聖湖在花坡盡頭現身。

俗稱白湖的賽沃措，沿著湖畔有小路可繞轉一圈。

聖湖一側有道缺口，湖水外流形成小溪，圖中央小路即轉山道。

朝聖
扎記

TIBET·TIBET·TIBET·TIBET·TIBET

2017年在《多康二十五聖地誌》藏文書看到江多德神山及黑湖白湖圖片，非常特別。依書中所列經緯度搜查，位於玉樹和囊謙之間，但請教幾位青海藏族友人，都不清楚詳細位置，直到諾布（囊謙藏族師傅，因包車結為好友）看到圖片，說他多年前朝聖過這座神山，外轉需好幾天，內轉也需從早走到晚整整一天，附近沒村莊，只能搭帳篷。

商量後，我不轉山只到神山腳下朝聖。

2019年3月底，先前往四川甘孜州朝聖其他蓮師聖地，4月上旬要轉往玉樹前，接到諾布通知：玉樹還在下雪，往神山路況不好，大多盤山路，海拔又高，結冰非常危險。我只好延後行程。

初夏6月，和諾布在玉樹州府結古鎮會合，往囊謙出發，開約10公里

名不符實，一點也不黑的黑湖比白湖大兩倍多。

一群黃羊在海拔 4000 多公尺路旁自在覓食，
只有一頭好奇地抬頭看我們。

轉進鄉道，過了巴塘草原，路況愈來愈差，連續超越幾輛大卡車，迎面也遇到不少大卡車，我問諾布：

「這條路這麼差，怎麼還有那麼多卡車走？」

「這條路通到西藏的江達，算是聯絡要道，卡車都是往來運貨的。卡車一多，路就壞得快，也不容易維護。」

連翻兩座海拔將近 5000 公尺的大山，正感高冷荒涼時，路邊出現一幅凝固的風景，有群西藏黃羊（藏原羚）正專注覓食，諾布停車讓我拍照，只有一頭好奇地抬頭看我一眼，然後「目中無人」繼續覓食。

途中遇到不少叉路，幸而都有牧民或要去挖蟲草的摩托車騎士可問路。最後接到一條寬坦新修的水泥路，但走沒幾公里就出現柵欄和告示牌：前方還未完工，不准車輛續行。

諾布繞下左側草地，地面溼軟，

走了一會怕陷車，不敢再走。

　　步行到不遠處的帳篷小屋，有位看守道路的藏民，諾布和他以藏語快速交談後，告訴我遠方積雪的岩石尖峰就是江多德神山，下方山坡上有一大型傘狀風馬旗，從那徒步翻過幾個小山坡，就能看到聖湖。

　　我一聽立刻說：「那不遠啊，我們走路去。」

　　諾布微皺眉：「看起來不遠，走起來很遠啊。」

　　藏民插嘴嘰哩呱啦說了一串話，諾布轉告我：

　　「他說摩托車可以借你，貼補一點油錢就行。你會不會騎？」

　　「這種要變檔的摩托車我不會騎啊，要不你騎載我吧！」

　　諾布尷尬搔頭：「我已經很久沒騎摩托車了，都開車。」

　　「那我走路去，你在這兒等。」天空雲層漸多，我一心只想快出發。

　　諾布攔住我：「走路真的有點遠，等我試騎一下，應該沒問題。」

　　臨陣磨槍，諾布試騎後，叫我上車。一開始騎不太順，左右搖晃，我已在心裡做好隨時會摔車的準備。

　　幸好平安抵達幾公里遠的風馬旗下方，改徒步爬上山坡，前面又一個坡，翻過後又一個坡……，越過一片開滿野花的沼澤地，再爬上緩坡，聖湖終於現身。湖畔海拔約 4560 公尺，湖面清澈，倒映著四周綠草樹木，輕漾綠光。

　　剛藏民說這湖叫「賽沃措」，俗稱措嘎（藏語，意指白湖）。

　　在湖畔各自持咒祈福，喝了聖水後，下山騎摩托車回帳篷，換開車續行，往神山西南方向繞行近半小時，黑湖出現在路旁，面積很大，我衝口而出：

　　「這湖一點也不黑啊，為什麼叫黑湖？」

車路呈之型翻越大山時，回望來時路，黑湖和無名小湖盡納眼底。

　　諾布說他也不清楚，可能因為這湖比較深，看起來湖面顏色比較暗吧。

　　我想起西藏阿里地區岡仁波齊神山下的兩個湖泊：瑪旁雍措和拉昂措，海拔均4500多公尺，據說地下水域還相通，但前者被稱為聖湖，人人視為八功德水飲用；後者被稱為鬼湖，人人敬而遠之。還有人形容兩湖像兩顆心，一白一黑，語含褒貶。但我個人其實比較喜歡拉昂措，覺得它波瀾壯闊似大海，特別具有生命力！

　　靜心想一想，白湖黑湖，聖湖鬼湖，不都是湖？！也只有我們俗世凡夫才會作意分別！

玉樹藏族自治州
尕白塔 མཆོད་རྟེན་དཀར་པོ།

尕白塔位於玉樹藏族自治州稱多縣拉布鄉的通天河（長江源頭河段）畔，已有1300多年歷史，一旁立有木牌，標註「尕白塔及古渡口」已被列為文物保護。

西元7世紀中葉，藏王松贊干布在雪域邊埵建寺的同時，此地也進行了淨地儀式。文成公主入藏時，從這裡渡過通天河前往拉薩。因此，尕白塔渡口不僅是稱多縣最古老的渡口，也是唐蕃古道的重要渡口之一。

依據記載，賢劫第三佛迦葉如來出世時，有一寶晶塔由如來加持開光，後被龍族請到龍宮，供奉於地底空

尕白塔外圍堆立著一排色彩鮮明的石刻〈六字大明咒〉。

行壇城中央。賢劫第四佛如來開演佛法後，蓮花生大士於8世紀中葉來到此地，龍族以寶晶塔供養蓮師，蓮師依照法王松贊干布在衛藏修建的鎮肢鎮節寺，也在此修建了尕白塔，並以寶晶塔做為塔心內藏。之後，本區域的佛教文化才逐漸興盛。

　　大掘藏師秋吉林巴伏藏文記載：在康朵地區的尕白塔處聚集十萬空行，被稱為十萬空行的寶藏，具足24個空行聖地的莊嚴功德，是一切空行自然聚集的聖地。

　　《尕白塔石碑誌》也記載：在白塔所在地的下方有一座空行無量宮，宮殿由500根柱子支撐，以眾多珍寶、如意寶樹、甘露水池為莊嚴，由金剛亥母加持，聚集了五部空行佛母以及種種空行圍繞。

從尕白塔正下方流出的甘露聖水，緊臨通天河畔，被稱為「成就甘露自湧泉」，又稱「空行成就水」。

當蓮師在此開啟空行壇城無量宮的聖門時，白塔下方自然流出一眼泉水，是諸佛菩薩加持而恩賜於濁世眾生的甘露水，被稱為「成就甘露自湧泉」，又稱「空行成就水」。

此聖水具有澄淨、清冷、甘美、輕軟、滋潤、無臭、飲不傷喉、飲不傷腹等佛經裡記載的八功德水之特性和殊勝加持力，若邊飲用此水邊祈請蓮師，能消除各種疾病，尤其對胃病具有特別療效，也能消除罪障。水質並經過正式檢測，符合天然礦泉水標準。

在空行成就水流出的山洞旁立有一說明牌，牌上方加註了秋英多杰仁波切（註1）道歌：「尕白塔的聖水，猶如甘露，能洗淨罪障，亦像妙藥，能遣除病魔。」

今年86歲的阿尼，和藹可親地汲取甘露聖水分給朝聖者。

自古以來，諸多高僧大德稱讚尕白塔聖地與蓮師淨土銅色吉祥山無二分別。周圍從古至今出過許多大修行者，他們在傳記裡都說：「因為殊勝尕白塔的加持，我的修行很圓滿。」

由於此聖地無比殊勝，各地藏民都會專程前來，有的還長期待著，就住在白塔旁空地上的一排小屋，天天繞轉白塔。

住宿小屋對面有間隸屬土登寺的小拉康佛殿，負責管理的阿尼滿頭白髮，老家在石渠縣洛須鎮，10歲就來此，今年已86歲了，看到每個朝聖客，都會笑吟吟地招呼：「扎西德勒！」

註1：秋英多杰仁波切事蹟請參見本書056頁土登寺一文。

居高臨下遠眺尕白塔，歷經 1300 多年歲月洗禮，彷彿已生了根。

繞轉尕白塔的民眾絡繹不絕。

尕白塔下方轉經輪內側壁面，繪製了文武百尊及各式佛像。

小拉康佛殿內主供蓮師像；右側法座有秋英多杰仁波切法照；
壇城左側上方係現任土登寺住持扎西求培活佛法照。

此大石塊紋路天成，據說手持小石在上面摩擦，便可消災納福。

玉樹藏族自治州

土登寺 ৯ খুব বསྟན་དར་རྒྱས་མ়ོ་ঙ্গমাস་བཀད་སྐྱ়ང་སྐྲེང་།

　　土登寺位於玉樹州稱多縣拉布鄉（距縣城 132 公里）達格溝口的土登村，建寺已700 年，離通天河畔著名的尕白塔不到 3 公里。

　　早期苯教興盛時，這裡原本屬苯教「阿嘎日通寺」。西元 810 年，藏王赤松德贊迎請蓮花生大士入藏，降伏藏區鬼神，弘揚佛法，當時蓮師來到此地，修建尕白塔，親自加持開光，阿嘎日通寺從苯教變成寧瑪派。直到今日，在土登寺後山坡還看得到昔日寺院的斷垣殘壁遺跡。

　　西元 1260 年，薩迦五祖之一的八思巴大師被元朝忽必烈皇帝封為帝師，迎請入京。大師多次來回漢藏兩地，經過康區時修建了很多寺廟。有一次來到此地，看到寺廟破舊，不忍佛法衰微，於是將寺廟從山上遷到山腳，擴建經堂和護法殿，增加僧眾人數，從此，阿嘎日通寺變成薩迦派道場「日通土登寺」。

　　另一傳說，八思巴大師有尊黑布扎護法面像，由各種珍貴藥材、舍利子和甘露丸做成，非常靈驗。大師將其供奉在元朝皇宮的護法殿裡，要離開漢地回藏地前，告訴皇帝：「無論聽到什麼聲音，都不要打開護法神的箱子。」

　　大師離開皇宮後，箱裡傳出各種奇特聲音，有位老臣禁不住好奇心，打開箱子，沒想到從箱內蹦出像鳥似的神奇物，往西邊飛去。

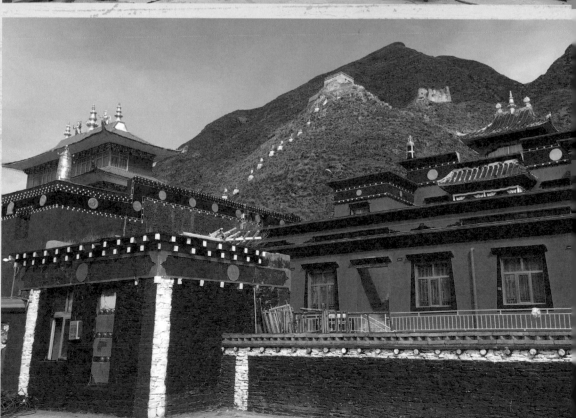

第一回前往土登寺時，寺廟正在進行修建工程。

寺廟後方山坡上仍看得到昔日舊寺遺跡。

當時，八思巴大師正在土登寺附近休息，仰頭看見一個像鳥似的物體自東方飛過來，越近越大，到了身旁又縮小，最後飛入大師裝法器的箱裡，打開一看，就是那尊供在元朝皇宮箱裡的黑布扎護法面像。

大師打坐入定，知道黑布扎護法神與這裡有很深的法緣，於是在第三次從漢地回拉薩路經此地時，重建土登寺。同時為了此地的弘法事業，將黑布扎護法面像賜給了土登寺，作為最主要的護法神，並將隨身攜帶的一尊釋迦牟尼佛像供養寺院。

據說，觸摸這尊釋迦牟尼佛像時有一股暖氣，跟鳥的體溫相似，若在佛像胸口放一塊酥油，會慢慢融化，因此被稱為「具有飛鳥體溫的釋迦佛像」。由於此因緣，阿嘎日通寺才改名為「日通土登寺」（土登是藏語佛教的意思）。

寺廟整修期間一些器物搬至戶外空地（圖背景為甘珠爾大藏經堂）。

1988年，秋英多杰仁波切担任了土登寺再復興的第一代主持，法系遍佈藏區，今日已具規模，有100多位僧尼。新修的大藏經大經堂供奉金剛總持、釋迦牟尼佛和金剛薩埵；黃色護法殿，四壁都是精美的黑唐卡。

新修的紅色大殿旁是「三界尊勝佛塔」，塔高48公尺，塔前說明牌：「為消除濁世衰相，蓮師授記掘藏大師吉登汪秋（世界自在王）要在藏區修建108塔。秋英多杰仁波切依據朵白塔空行壇城中的寶晶塔而建成此塔，主塔塔層共有108塔，是集佛塔、經堂、閉關室於一體的建築物。」

紅色舊大殿和整修中的「三界尊勝佛塔」。

土登寺從古至今出現過許多大成就者，當代最馳名的就是大瑜伽師秋英多杰仁波切，於2009年圓寂，肉身法體和舍利就供奉在三界尊勝佛塔的頂層。

　　總而言之，尕白塔係蓮師親自修建，塔內裝藏了迦葉佛加持的寶晶塔；土登寺曾由蓮師改宗為寧瑪派；秋英多杰仁波切係蓮師功德之化身。三者之間，具有不可思議的殊勝因緣。

土登寺附設的藏醫院，稱為「扎西班智雅藏醫藥」，嘉惠群眾。

從三界尊勝佛塔高處遠眺，下方為土登村，遠方小白點即尕白塔，塔右側為通天河。

第二回前往，三界尊勝佛塔已整修圓滿。

2019年初夏清晨，和諾布從玉樹州府結古鎮出發，諾布自知道我要朝聖尕白塔和土登寺，就多次提醒我一定要設法拜見秋英多杰仁波切的肉身不壞金剛法體，幾年前，他朋友載李連杰等一行人去土登寺時見過，非常殊勝。

20多公里後抵達通天河三江源紀念碑，左轉稱多縣仲達鄉，轉為沿通天河左岸西行。一路遇到幾輛車，司機竟然都是紅袍喇嘛，諾布笑著說：「這時節藏民全去挖蟲草了，剩喇嘛自己開車。」

通天河黃濁的流水在陽光下閃耀著，兩岸有時是平緩沙地，有時是高崖土坡，途中經過幾個小村落，村民在綠油油的田裡忙碌著，河對面高地也間歇出現小村落，寺廟佔據在最明顯的位置，有如城堡，護佑著村莊。

路旁哩程牌標示49K後不久，一座大橋橫跨通天河，噶白塔就在河對岸。

先在白塔旁小屋點燈祈願，再加入藏民行列轉塔，靠塔基一圈嘛呢輪內側壁面刻有文武百尊及各式佛像，精美豐富。

依尕白塔聖泉木牌指示往下行，階梯盡頭緊臨河畔的崖壁往裡略凹，位置恰好就在白塔下方，自壁面不斷流出聖水，有一水管將水引進大水桶，清澈見底，桶內有水瓢供舀水，諾布連舀數次自頭淋下，大半身都溼了，我怕受寒，只舀水放進手掌，祈請蓮師後喝下，呵，透心涼，帶點甘甜。

離開尕白塔，土登寺就位於不遠處的土坡上，海拔約3700公尺。停好車，遇到一位僧人，打招呼後我問能否拜見秋英多杰仁波切法體？他未回答，只用藏語對諾布說先帶我們去見堪布再說。

手持哈達和供養金，被引導到一棟小屋樓上。本以為要見的是掌管鑰匙的管家堪布，沒想到是寺廟大堪布扎西求培活佛，普通話說得很好，和

氣親切。

我說明來意，活佛委婉回答：「仁波切法體除了大法會和特殊情況，平常不給拜見……。」

「那能否在供奉法體的殿外頂禮？我非常景仰仁波切。」

活佛點頭，然後談起秋英多杰仁波切，活佛自小跟隨仁波切（親叔叔）學習，熟悉其一生事蹟及修行法要；接著又談到寺廟歷史，如何從最早的苯教轉為寧瑪派，再轉為薩迦派……等。

活佛談的內容我大多讀過資料，於是有時聆聽，有時在適當處發表意見，活佛也問起我在台灣隨上師修行的內容，相談甚歡。數十分鐘後，活佛說：「仁波切法體鎖著，依慣例平常不隨便給拜見，但你是虔誠佛教徒，遠從台灣來，又寫蓮師書，尋找蓮師聖地，功德無量。我來聯絡看看，助你滿願。」

活佛當即打電話，藏語說的飛快，我只聽懂「有位台灣來的佛教徒……」。講完電話，活佛叫我等一下，走了出去。

我焦急問諾布：

「有聯絡到鑰匙嗎？」

「你很幸運，剛活佛打電話給管鑰匙的管家，管家外出不在，但因活佛前幾天向管家拿過鑰匙，用完要還，管家一直沒空來拿走，所以鑰匙到現在還放在寺裡一位僧人那裡。」諾布笑著回答。

活佛回來時，不僅拿到鑰匙，還送我兩本漢文書，《秋英多杰仁波切自傳》和活佛著作《圓覺光明心髓──證悟菩提之道》，並送我和諾布一人一張秋英多杰仁波切法照。

秋英多杰仁波切法體供奉在緊臨舊大殿一側的「三界尊勝塔」頂層，三人快走到時，活佛手指塔頂要我們仔細看，仁波切生前親自設計此塔，和一般塔頂飾以日月不同，此塔頂是五股金剛杵，下有五方佛。

爬樓梯上到安奉仁波切法體的樓層，一座木造壇城，10 年前圓寂的仁波切安坐其中。我和諾布先頂禮三拜，然後合十跪在地面發願祈請，我抬頭望向仁波切縮小的法體，只看到上半身，瘦弱骨架，右手掌往上伸直，臉部神韻彷若生前法照，栩栩如生。

望著望著，腦門一陣熱，我眼眶潮濕，得以親謁當代大修行者的肉身不壞金剛法體，是我的福報，也鼓舞了我這凡夫信心百千億增長。

之後我在藏區還停留一週，每晚讀仁波切傳記，欲罷不能。仁波切於 1941 年出生在稱多縣東科村，5 歲學

供奉在三界尊勝佛塔內的秋英多杰仁波切法體，沒有任何改造，2009 年圓寂至今已十年。
（照片取自網路）

習藏文；10歲在土登寺出家，跟住持上師學習薩迦派所有儀軌，僅一年就將儀軌全背誦下來；14歲前往石渠縣江瑪佛學院學習4年多，依止托嘎如意寶的弟子堪布，接受寧瑪派傳承；後來也在其他上師處，接受噶舉派和格魯派的傳承。

仁波切聞思廣大，學識精深，既通宗，又通教。雖身居薩迦派，但法脈卻含攝各大教派要義，通過一生持續修持，直接面見了金剛總持，將〈道果法〉、〈大圓滿〉和〈大手印〉融為一體，是當今藏地，乃至全世界為數不多的大成就者之一。

仁波切常說：「我不是活佛，出生時沒有什麼殊勝徵兆，也沒有什麼與生俱來的智慧，不是我有什麼了不起，是佛法的殊勝，才令我有了今天的成就，這也是上師三寶的加持啊！當我們證悟了心性之後，也可以說與祖師大德們相應了，因為心性是相同的，只有一個，沒有兩個。」

秋英多杰仁波切法照。（土登寺提供）

又說：「從佛法的基本理論到具體實踐，從初發菩提心到徹證佛果，整個過程的目的就是自利利他，就是要完善自身的人格，淨化身口意，幫助眾生，利樂有情。」

仁波切一生閉關時間將近40年，以實踐來檢驗佛法的真實不虛。圓寂

前一年，他說：「假如我走得太過平凡，也許有些人會借此誹謗佛法：『看看喇嘛諾慈（秋英多杰）閉關了一輩子，最後走時，還不是跟普通人一樣，佛法是不實的！』如果我走得有點與眾不同，他們起碼無法誹謗佛法，那也算是我為佛教做的一點貢獻，也是為了報佛恩。」

因此，眾生才能見到仁波切留世的不壞金剛法體；見到無數的珍貴舍利。據寺方記載，仁波切圓寂後，肉身剛開始是生前身色，降下甘露後，遠看古銅色，近看深紫色。但是前胸有一塊是白色的，後來變成金色，然後是深黃色。頭髮、鬍鬚和全身遍佈舍利。指甲還在生長。

後記：

朝聖圓滿返台，到中心拜見上師（堪布徹令多傑仁波切），談到這段殊勝經歷，上師立即問：

「那你有請仁波切舍利子嗎？這位大師圓寂後舍利子長出很多很多，滿室滿地都是。」

「在繞轉仁波切法體三圈時，看到後方有一舍利塔，供奉仁波切舍利，當時只顧著讚歎頂禮，完全沒想到要請回來。」我懊惱回答。

上師說幾年前就想請仁波切穿過的法衣及舍利供奉在我們寺廟（位於藏印邊界蓮師聖地貝瑪貴）設立的「見解脫室」，讓僧俗二眾謁見，但一直沒管道。

還好我因為以微信轉帳捐款土登寺，加了扎西活佛微信，立刻聯絡活佛，說明緣由，活佛回覆若我有機會再前往，他必盡力協助圓滿。

9月下旬，我帶著上師親筆信函和禮物，再度前往土登寺，請回秋英多杰仁波切的舍利子、頭髮和衣飾墜結，順利完成上師交付的任務，無限歡喜，也感受到緣起的善妙！

玉樹藏族自治州
扎摩寺 ཇི་མོ་ཁྲུབ་བསྟན་མེ་ཏོག་ཚལ་སྒྲིབ།

扎摩寺位於玉樹州囊謙縣香達鎮北側，「扎摩」是昔日稱呼，後來正名為「吉祥達摩寺密嚴妙剎洲」，簡稱達摩寺，但當地民眾口語仍稱扎摩寺。

寺廟歷史悠久，由崗波巴大師的弟子始建於西元 1156 年；1576 年又由丁增桑波開設了伏藏大師那納林巴的本尊紅觀音等許多殊勝修法，使得扎摩寺教法昌盛，出現很多瑜伽師和成就者，並顯現了許多殊勝的自生法相，成為著名的修行聖地。

噶舉派崗波巴大師和很多高僧都曾預言，這裡是蓮花生大士加持的聖地和觀音菩薩的道場。

《扎摩聖地史》記載：「扎摩寺有從扎曲河彼岸隨丁增桑波像鳥一般飛過來的嘛呢石。」這個記載一直為當地人所津津樂道。據說最初嘛呢石係堆疊在扎曲河（瀾滄江上游）對岸山腳下的一座白色佛塔周旁，丁增桑波把幾塊嘛呢石放在僧袍內飛回來；另一說法是丁增桑波先拿了一塊嘛呢石飛回扎摩寺，餘下的嘛呢石隨後也跟著飛過來。

第五世噶瑪巴曾親臨扎摩寺為一千多名弟子進行金剛亥母灌頂時，天上出現壇城，並且飄起雪花，他用指甲寫下《時輪金剛》的語「十相自在」，並指出扎摩寺所

在地的許多聖跡，包括「中間山上有觀音的壇城，前方草山有六字真言。右邊山上有1022尊佛，後山有站立的千手觀音像，左邊山峰形如佛塔。東南是空行母的舞臺和空行母耶謝措嘉的腳印，西南有蓮花生大士的天生像。有個手印狀的山洞，右方有六字真言，東邊有一個耶謝措嘉的手印，以及能除業障的甘露流水和長壽水。」

又說：「繞山頂7圈，山腰4圈，是轉這座神山的數量，具有念嘛呢咒1億遍的功德，山外邊轉1圈就能超度惡道。」

白塔前方的三座石堆稱為「康巴三人塔」，由岡波巴大師最出色的三位康巴弟子（噶瑪巴都松欽巴、帕莫竹巴、薩東雪貢）所修建。

| 右
我隨老喇嘛轉山途中，路旁有位老嫗持續頂
禮，虔誠忘我。

| 左
丁增桑波大師留在伏藏水一旁石上的足印。

| 下
據說當年隨丁增桑波大師像鳥般飛過河的嘛
呢石就埋在這些石堆中。

|右
上山途中扎摩寺看似位於山頂，到了大殿才發現後方
還有更高的山。（寺廟右側山坡下還有佛學院未入鏡）

|左
天然形成的蓮師石像，面向囊謙縣城。

轉山時會經過一尊大型蓮師聖像。

轉山到最高處，地面不少積雪，時為11月下旬。

隔年4月二度前往，四周高山積雪稍減，扎摩寺仍一片蕭瑟。

2018 年 11 月首度朝聖扎摩寺，那天是藏曆 10 月 15 日吉祥天女節，恰好是我陽曆生日，緣起很好。早上抵達香達鎮（前一天自西寧搭夜車 18′小時），打車上山，下了車，四周靜悄悄，看不到任何僧人。

東張西望好一會，眼角瞄到一棟僧舍二樓窗口有紅袍身影閃過，趕緊大聲招呼，一位老喇嘛探出頭，請教他聖跡位置，老喇嘛熱心下樓帶我前往，感動之餘，忘了問能否寄放行李，就揹著一大一小背包轉後山一圈。

老喇嘛講的漢話我只聽懂三成，他的安多話和我在拉薩學的又不同語系，也不太能溝通，不斷出現雞同鴨講。

首先抵達丁增桑坡開掘出的伏藏水和他留在石頭上的腳印，再往上爬，喇嘛說蓮師自顯像就在前面密密麻麻的風馬旗堆中。之前在網路看到有人說因為風馬旗太密，無法穿越（踩踏不敬）。於是問老喇嘛：

「這能穿過去靠近蓮師像嗎？」

「可以，小心一點，慢慢走。」

我邊持誦〈六字大明咒〉邊跟隨，兩人逐一掀開風馬旗，從旗下鑽過去，有些已經老化到幾乎貼住地面，就只好跨過去。

蓮師石像在旗陣中出現時，我急著拍照，喇嘛搖手：

「這邊看不像，要繞到後面。」

走到另一面，石像背光，果然像極蓮師，面朝縣城方向。

再往前經過觀音神山，走過數處堆積如山的嘛呢堆、長排轉經輪、大型蓮師塑像及幾處小聖跡後，圓滿繞轉一圈下山。喇嘛邀我到僧寮喝茶，看到他屋內壇城擺設和各種法本，原來他屬寧瑪派，難怪我問他扎摩寺眾多聖跡，他有很多都不清楚。

老喇嘛正在此地進行 3 年 3 個月閉關，圓滿後就會離開，換到另一聖地繼續 3 年 3 個月閉關，令人讚歎。

隔年 4 月再度前往，本約好熟識

師傅諾布載我上山，他是虔誠佛教徒，多次陪我轉山朝聖。沒想到在我抵達前一天，諾布膽結石發作住院，臨時找人載我上扎摩寺，那位師傅不清楚扎摩寺聖跡，也沒意願朝聖，載我上山把車停在空地後，就說：「我在這兒抽烟等你，你慢慢去沒關係。」

四周沒僧人，我硬著頭皮往上次沒走過的山坡爬，只能隨順因緣了。

沒有任何指標，我在山上繞行，幾處岩壁和土坡頂都掛滿風馬旗，但辨識不出是否聖跡，有時路跡消失，只能在岩石和灌木叢之間鑽爬，一身土灰和雜草；有幾次還走到斷崖邊。最後山路接到上次走過的轉山道。沒轍了，只好原路退回。

返台後在微信上和諾布聊到這次鎩羽，拜託他之後若有去扎摩寺，順道幫我拍那幾個無緣的聖跡，諾布爽快答應。

過沒多久就收到諾布寄來照片，啊，他專程為我上山拍照（瞬間一股暖流漫過心田），還巧遇我第一回去時遇到的老喇嘛，諾布說老喇嘛還記得我——寧瑪巴白玉傳承、揹著背包、名叫哀秋拉姆、從台灣來的阿佳喇（藏語對中年女性的尊稱）！

我在岩石和灌木叢之間尋找聖跡，沒人帶路，數度走到斷崖只能折返。

蓮師修行洞。（諾布攝）

回想第一回獨自上山，除了老喇嘛相助，徒步下山要回鎮上時，有藏民開車要下山，讓我搭便車，直到叉路分手。我繼續徒步，沒多久，為問路攔下一輛路過的摩托車，載了小孩的藏民很熱心，說走路太遠了很辛苦，堅持要我上車，推辭不過，於是跨上後座，三貼風馳，因此趕上正要開走的班車。

　　茫茫人海，芸芸眾生，諾布、老喇嘛和那兩位陌生的藏民，全都是我的善護助（其實何只他們？這幾年朝聖途中，遇到過無數善護助），我和這許多陌生又相距千萬里的藏民，因為蓮師聖地穿針引線而相遇，短暫交會結下善緣，我心中溢滿感恩～

耶謝措嘉修行洞。（諾布攝）

兩深洞係 16 世紀丁增桑波取出兩個長型伏藏法器大號角的位置。（諾布攝）

青　海　省
▼
果洛藏族自治州
▼
班　瑪　縣
▼
多　智　欽　寺

果洛藏族自治州

多智欽寺 ︑ᨔᨰᨴᨰᨙᨴᨴᨙᨴᨰᨴᨴ

　　多智欽寺大密悉地光耀洲，簡稱多智欽寺（或譯多竹千寺），位於果洛藏族自治州班瑪縣，離縣城80公里；離四川色達縣城65公里。

　　多智欽寺是寧瑪派龍欽寧提（龍欽心髓）傳承的兩大寺之一。吉美林巴依大遍智龍欽巴尊者整理的寧瑪教法及岩藏法本為主，傳給兩位心子：第一世多智欽和第一世如來芽。後來，前者在青海地區建了多智欽寺；後者在康區建了扎嘉寺（參見本書174頁）。

　　為使龍欽寧提法脈興盛不衰，第一世多智欽仁波切先在一個叫殊欽達果的地方建卓敦倫珠寺（意思是利生事業自然元成），但只建完一座經堂，沒有圓滿所願。

　　仁波切朝聖今日色達縣境內的珠日神山（參見本書220頁）時，因緣治癒珠日大山神的病，依大山神授記，仁波切去到一個有很多伏藏品的山岩，伏藏守護神名章欽森姆（即章欽羅剎母，又名畏怖吉祥炙燃母），現忿怒相拜見仁波切，因仁波切的無上悲心，她轉成了寂靜相，將伏藏寶庫中的九眼珠馬鞭獻給仁波切（該聖物裝臟在今日多智欽寺仁波切住房對面的佛塔內）。

多智欽寺全景，背倚形似烏龜的山峰，象徵神龜鎮邪。
圖左側以藍塑料布覆蓋之處，是修復中的蓮師吉祥宮殿。

仁波切後來也在札欽峽谷的雅礱建了一個禪修中心，取名貝瑪固嚓松康卓林，但更為人熟知的名字是雅隆貝瑪固寺（意思是蓮花莊嚴寺）。圓滿建成後，多智欽仁波切在那裡度過他餘生中的 10 多年。

　　第二世多智欽仁波切時，來到今日班瑪縣境內選尋寺址，抵多科山谷章欽灘時，一位名叫冉邀袞扎的牧民向仁波切敬獻白色羊毛座墊、酥油和奶渣等，仁波切視此為祥瑞緣起，於是在那裡（即今日多智欽寺所在地）建寺。

　　蓮師在如何觀察地形的教言中列舉聖地所應具備之特徵，多智欽寺全部都具備了。寺廟東面有山岩象徵白虎屹立；南面有多曲河象徵青龍飛騰；西面有山峰象徵孔雀開屏；北面有形似烏龜的山峰象徵神龜鎮邪。

　　在寺廟左邊還有幾座連綿起伏的小山丘，形如長壽五天女。關於此山形的另一種說法是其象徵眾多學者並坐，所以多智欽寺自古以來博學士層出不窮。

寺廟左側有五座起伏的小山丘，被稱為長壽五天女；另說象徵眾多學者並坐，所以多智欽寺自古以來博學士眾多。

　　多智欽的「多」是以寺廟所在地命名，至於「智欽」有很多種說法，較普遍的說法是：以往蒙古軍隊入侵西藏時，第一世多智欽仁波切到桑耶寺朝聖，他到護法殿，指著護法神白哈爾說：「你如果無法擊退蒙古軍隊，你就不是佛教的護法神！」白哈爾神像向多智欽仁波切低頭表示聽命。接

著，仁波切到桑耶赫波日山頂做煙供法事，熏煙升到虛空中，變成大鵬鳥形像飄向蒙古軍隊，擊退了他們。由於這樣的廣大神通，被稱為「智欽」（意思是大成就者），建寺時也以此命名。

在第三世多智欽仁波切（父即第一世敦珠法王）時，有學者覺得從下往上望，多智欽寺後面的山峰不夠尖，建議人工修造一個尖頂，仁波切説：

「多智欽寺後山乃是以北極星為頂，這世界上還有比這更高的嗎？」

的確，每當夜幕降臨，從下往上望去，明亮的北極星恰似鑲嵌在山頂的一顆明珠。

在寺廟所在地山坡下方的公路旁，有一眼神奇的泉水，是多智欽仁波切發掘伏藏後流出的泉水，源源不絕，傳説多喝能治癒胃病，許多朝聖者都帶了水瓶裝回家慢慢喝。

在第三世多智欽仁波切住持期間，多智欽寺成為著名的佛法修學中心，四眾弟子多達上萬人。第三世圓寂後，仁增嘉利多傑和土登成利華桑兩位仁波切被認證為他的轉世，一起被迎回坐床，一起學習和生活，一起弘法利生。這也應驗了第一世多智欽仁波切關於將出現兩位多智欽的授記，他也預言：

「只要多智欽繼續轉世，蓮花生大士的化身將在多智欽寺不斷出現。」

上世紀中葉，時勢所迫，土登成利華桑仁波切前往蓮師授記的極密聖地錫金，後成為皇室國師，並主持秋丹寺，傳揚龍欽寧提法脈；仁增嘉利多傑仁波切為保護信眾留在寺廟，後被捕入獄，在獄中圓寂。

多智欽寺附近還有一個聖地，即法王如意寶晉美彭措的誕生地。西元 1933 年，法王如意寶在寺廟東北方 3 公里的山谷誕生，隨即端身金剛跏趺坐，張眼微笑，並將胎盤像披法衣一樣甩到左肩上，朗朗念誦了〈文殊心咒〉七遍。在場的人深感祥瑞，立即到多智欽寺報告住持活佛，活佛將第二世多智欽仁波切名字「晉美彭措勇列」賜予靈童。這就是法王名字的由來。

金碧輝煌的大型蓮師塑像。

從多智欽寺高處往下看，左舊路和右新路均可下接沿多曲河而行的縣道。

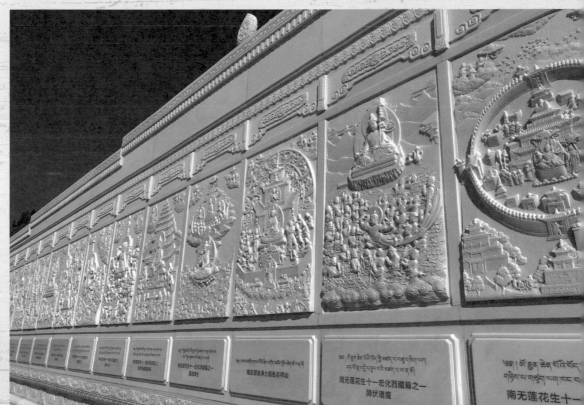

環繞著蓮師塑像四周牆面，雕鏤記載蓮師在印度和西藏的弘化事蹟。

| 上
寺廟西面山峰象徵孔雀開屏。

| 右
古老的佛塔記錄著斑駁的歲月痕跡。

| 左
能治癒胃病的伏藏泉水自底部不斷冒出，喝
起來帶點鐵鏽味，不知是否地底含有鐵礦？

寺廟南面多曲河象徵青龍飛騰；公路右側風馬旗處即伏藏泉水所在。

多智欽寺距青海班瑪縣城 80 公里，反而距四川色達縣城只有 65 公里。2019 年 10 月我計劃朝聖多智欽寺和珠日神山，提早一天抵達色達縣城，住在已認識 5 年的藏族師傅扎西（化名）家，晚上吃過飯，扎西說：

「阿媽喇（藏族年輕人對年老女性的尊稱），走，我載你去學院看夜景。」

我知道他說的學院指喇榮五明佛學院，不禁納悶，佛學院怎會變成看夜景的點？

近幾年中國限制外籍及台灣人前往，直到去年才重新對外開放，多年前我曾到過佛學院兩回，如今要再相見，竟然有幾分近鄉情怯，期待又害怕。

扎西在喇榮山谷入口的大型停車場前方讓我下車，叫我往裡走，停車場一側有公車站，換搭公車上山，每人 3 元（人民幣），他會在外圍等我。

眼前景況讓我瞠目結舌，停車場入口和出口私家車大排長龍，我走到公車站，已經晚上 8 點多了，等搭車上山的遊客還一大群，幸好公車一輛接一輛發車，車裡擠得水洩不通，有不少是旅行社帶團，領隊高舉旗子提醒客人待會下車要跟緊。

終站位在半山腰，一下車看到等搭車下山的排隊人潮，又是一驚，哪來這麼多人啊？難怪色達縣城的酒店全部翻漲好幾倍，還一宿難求。

一旁接上新建的階梯人行道，改徒步上山，我擠在人潮中往上走了一段，在一個轉角處貼住欄杆停步，遠遠可看到燈光閃爍的大殿和山頂的大幻化網壇城。上山的人流不斷擦撞我身體，四周喧譁吵雜，嬉鬧吆喝，閃光燈拍照此起彼落，還有人邊走邊抽煙……。

佛教修行聖地被景區化，變成旅遊景點，加以各種宣傳招式吸引非佛教徒觀光客潮湧而來。對照我之前來朝聖時的景況，淚水再也止不住，無聲無息流下。

返身下山，和扎西碰面，他看到我兩眼泛淚，問明白後，他談起佛學院未對外開放期間發生的一些事，也忍不住哽咽～

海南藏族自治州
青海湖公保洞 མགོན་པོ་ཕུག་པ།

　　青海湖海拔3200公尺，是中國第一大湖，藏語叫「措溫布」，意思是青色的海。當地傳說昔日這裡是一片連綿大草原，只有一口清泉，平常被用一塊刻有咒語的石板蓋住，取水時打開，取好水後再將石板蓋緊。某日，有位牧民取水後忘記將石板蓋回，泉水不斷往外冒，愈冒愈多，即將淹沒草原和人畜，蓮花生大士知曉，以神變搬來一座大山壓住泉源，已經冒出的泉水則形成了青海湖，而壓住泉源的大山就是湖中的海心島。

　　海心島位於青海湖中偏西南側，距岸上陵地約30多公里，如今已被列為國家級自然保護區，未正式對外開放（欲前往需花鉅資包船）。

　　當代大成就者秋英多杰仁波切曾和弟子朝聖海心島，並講述了相關歷史：

　　「蓮師在島上修行加持過，松贊干布寫的《藏地聖地讚》也特別提到了青海湖。這裡有內外密不可思議的剎土；有蓮師的手印和噶巴拉的長壽甘露；有歷代成就者的閉關洞；有自然顯現的三怙主佛像；有第六世紅帽法王（噶瑪噶舉派活佛轉世系統之一）所建的菩提塔……。」

海心島上有座寺廟，始建於道光3年，當時稱為「靈顯青海神廟」，簡稱海神廟，今名蓮花庵，有10多位覺姆（女性出家人），另還有30多位苦行僧分散在島上山洞或簡陋小屋修行。每年冬天，青海湖結冰，修行人徒步走過湖面，到岸上採購生活用品，隔天雇拖板車搬回島上，之後整年不復出，精進閉關。

往昔，蓮花生大士曾在海心島修行，也曾在湖畔山洞閉關。今日青海湖環湖西路9.2K路邊山坡尚保存一處蓮師修行洞，也被稱為「瑪哈嘎拉洞」。

瑪哈嘎拉係梵語，原是婆羅門教濕婆的變身，後被佛教吸收成為護法神，是密宗修法所依止的重要護法神，一般稱為「大黑天」，意譯為「救怙主」，藏語發音近似「貢布」，當地均稱此洞為「公保洞」（不同人漢譯之故）。

面對山洞右側有一大片岩壁，上有蓮師留下的腳印和手印。洞外左側山坡下建有煨桑台、佛塔、供燈房及嘛呢石經牆，石經牆每間隔一小段就有一個內凹空間，供奉各式佛像和石板畫，非常精美。

拾階而上要往蓮師洞時，可清楚看到右側岩壁上刻有一尊六臂瑪哈嘎拉像。洞口有座玻璃櫃，蓮師塑像被十多盞酥油燈和眾多石刻經板簇擁著。進入洞內，爬上鐵梯，有一可容數人站立的小空間，正中央自地面有一神奇的自生石柱，面對石柱的岩壁上設立了小壇城。山洞再往裡漸趨狹隘，大約鑽行數十公尺便抵盡頭，上下左右全佈滿各式各樣神奇的石頭。

拾階而上，右壁刻了一尊瑪哈嘎拉石刻像。

青海湖海拔3200公尺，是中國第一大湖，夏季百花齊放，遊客如織。

蓮師大塑像與海心島。

公保洞位於環湖西路9.2Ｋ路旁山坡。

公保洞入口狹窄，僅容一人出入。　　　　　洞口供奉在玻璃櫃內的蓮師塑像。

| 右
蓮師腳印（由圖中念珠對比可看出腳印很大）。

| 左
洞中地面崎嶇不平，除了入口有一鐵梯，其餘全靠手足並用攀爬。

| 下
公保洞外側有點燈房及嘛呢石經牆。

2018 年 8 月，聯絡幾年前寫《尋訪六世達賴喇嘛的生死之謎》一書結識的黑馬河鎮民宿主人旦切，請教青海湖瑪哈嘎拉洞蓮師聖地，他不知道，叫我到當地再問別人。

從西寧搭客車，中午抵達黑馬河鎮，這裡是青海湖環湖西路起點，標示 0 公里，民宿位於 14.3 公里。我沿公路才走一會，來了輛客車，開到 9.2 公里，路旁有個停車場及旅遊公廁，休息 10 分鐘。

下車活動筋骨，視線越過公路，看到斜對面山坡有一大白塔和山洞，心念一動，請教開車師傅，他非本地人不清楚，幫我轉問乘客，告訴我這洞叫「公保洞」。

抵達旦切民宿後，立刻請教，旦切說公保洞也是聖地，經常有各地藏民來朝聖，但他不確定是不是我要找的洞。

放下背包，簡單吃過乾糧，立刻出發，邊走邊持咒，雨一直下著，過往車輛不多，沒攔到便車，足足走了 5 公里。

四周無人，洞下方一間小店有位藏族阿佳喇，請教她「公保」的藏文怎麼寫？她很高興地寫下 མགོན་པོ།，我一看大喜，這洞就是瑪哈嘎拉洞！

Mahakala 是梵語，一般稱大黑天，意譯救怙主，救怙的藏文就是 མགོན་པོ།，通常漢譯為貢布，當地稱公保洞，應是不同人漢譯之差。

沿著石階走到洞前，有一玻璃櫃內供奉著蓮師塑像，合十祈請後，再往上靠近洞口，隱約看到洞內有一鐵梯往上，再往裡便黑黝黝一片。

我站在鐵梯下猶豫了幾秒，出發前旦切提醒「若沒其他朝聖客，一個人別進洞。」但我之前來過幾次青海湖，都錯過這山洞，如今怎可過門不入！

把雨傘放在洞外，拿出手電筒，小心翼翼爬上鐵梯，一上去是個可容數人站立的小空間，中央一自生石柱

拔地而起，掛滿哈達，另一側岩壁上設有小壇城，供奉大昭寺釋迦牟尼佛12歲等身像唐卡及蓮師、法王如意寶法照等。

禮佛後，我用手電筒往裡照，洞趨狹隘，上下左右全佈滿大小不等的各種石頭，我凝視著漆黑的深處一會兒，決定繼續往裡走。

地面崎嶇不平，石頭高低落差很大，困難地爬上爬下，沒多久，遇到一僅容側身的窄縫，想起旦切的話，心生畏縮，再沒勇氣往裡。

退出洞外，為沒能完成洞內朝聖感到遺憾，那至少也要找到蓮師的手印腳印吧，往四周找了一會，沒找到。

怎麼辦？一時拿不定主意，乾脆

爬上鐵梯後，有一小空地，可供數人站立；右側石壁上有一簡易壇城。

朝聖蓮師洞隔天早晨，青海湖上空奇景。

放下，專心繞轉白塔及嘛呢石經牆，不知轉了多少圈，來了一輛箱型車，下來幾位藏民和老少兩位喇嘛，我喜出望外，趕緊上前打招呼，請求同行。

只有年輕喇嘛和少女、小孩要往洞深處走，我跟在後面，洞愈往裡愈狹，喇嘛叫小孩先爬過去，確定前方大人能過，我們再往裡爬。有幾段若非他們助我一臂之力，我獨自要通過有點困難，當即慶幸剛剛未單獨往裡爬。

沒多久就抵達山洞盡頭岩壁，網路資料說在山洞最深處有一小水泉，遍尋不著，請教喇嘛，他也不清楚。

出洞後，跟著他們才找到蓮師腳印，就在山道旁的岩壁上，因為一旁沒標示，很容易忽略。沿著山壁繞行，蓮師手印位在另一面陡峭的崖壁上方，下雨溼滑，顧慮安全，只有年輕喇嘛代表大家爬上去禮敬。

圓滿朝聖，他們往西寧走，我回到停車場，有輛遊覽車停著，我問師傅能否搭便車？貼他一點油錢。沒想到他獅子大開口。我笑笑說：

「只有5公里，要收這麼多？」

他拉下臉，以半威嚇口氣回答：

「不搭？那你就繼續等吧，這兒車少，等到天黑也不會有車！」

「那我就走路，反正來時也是走路。」

於是，在雨中，我再度安步當車，朝聖已圓滿，不著急，我放慢速度。公路右側越過草地就是青海湖，湖面霧濛一片，失去了陽光下的大氣魄，多了幾分夢幻迷離。持著咒，一步一步經行，偶而風大，雨絲飛飄臉上，譜成一曲清涼韻律～

青　海　省
▼
海南藏族自治州
▼
興　海　縣
▼
白　岩　猴　寨

海南藏族自治州

白岩猴寨 བྲག་དཀར་སྤྲེལ་རྫོང་།

　　白岩猴寨指海南藏族自治州興海縣西南的一座神山，當地人都稱「扎嘎哲宗」（藏語，意即白岩猴寨）。距縣城30公里，是安多藏區佛教四大名山之一，素有第二扎日神山（註1）的美譽。蓮花生大士、宗喀巴大師以及格魯派隆務寺高僧第一世夏日倉噶丹嘉措等，先後都在此閉關過。據說密勒日巴也加持過此聖地。

　　之所以會知道此聖地，源自2016年9月，我們幾位弟子隨上師徹令多傑仁波切前往錫金，恭請揚唐仁波切主法，共同舉辦甘露大法會，製作甘露丸。我意外看到揚唐仁波切於前一年前往中國朝聖青海省的影片，包括去了蓮師大聖地扎嘎哲宗（仁波切前一世多傑德千林巴曾在該地取出伏藏法門）。

　　青海省面積約台灣20倍大，扎嘎哲宗到底在哪裡？我特地請教仁波切近侍喇嘛和同行朝聖的人員，但他們只知道在青海，沒人說得出詳細位置。

　　上網搜尋也找不到，後來改以關鍵字「青海省的藏傳佛教聖地」搜尋，一則一則瀏覽，終於找到相關資料：「格魯派於1927年在賽宗神山下創建賽宗寺，寺廟全名扎嘎哲宗特桑雲丹達吉林（意即白岩猴寨聞思功德興隆洲）。」

註1：著名的蓮師修行聖地扎日神山位於西藏林芝地區，台灣人無法前往。

本想等圓滿轉山後再爬上神山對面山坡拍攝扎嘎哲宗全景，沒想到下山時，刮風下雨降冰雹，無法拍攝。本圖翻拍自賽宗寺簡介單，轉山由寺廟出發，順時針繞行神山，最後經岩峰與綠丘之間鞍部下行，回到寺廟圓滿。

只是不知為何，蓮師大聖地扎嘎哲宗神山變成了賽宗神山。

《安多政教史》記載：

「這裡是藏地邊地中最殊勝的聖地之一。草地環繞著岩石的山巒，山峰以樹林為裝飾，兩條小溪如同向金剛聖地獻上的哈達，岩壁上自然出現佛像和文字。傳說中這裡有大中小18個聖地，自然出現佛的身語意所依有三千。

18個聖地：金剛洞聖地、圓滿成就聖地、清淨晶聖地、空行聚會聖地、八如來聖地、皆聚空行聖地、成佛聖地、報大恩聖地，以上稱為八大聖地門；白螺法聖地、屍林涼聖地、摧破金剛沐浴聖地、吉祥山聖地、財神藏聖地、蓮師加持水聖地，以上稱為六中聖地門；象泉享用聖地、夏宄莫瑞聖地、六味甘露藥水聖地、雅瑪窟押魔聖地，以上稱為四小聖地門。」

傳説扎嘎哲宗的山神原本是猴頭人身的地方保護神，藏曆每隔12年一輪的猴年是山神的本命年，轉山功德倍增，由於猴年也是蓮師本命年，因此，猴年來轉神山的藏民，不分教派，絡繹不絕。

依據賽宗寺於2014年（60年一度的蓮師本命年火猴年）出版的《秘境賽宗朝聖之旅》記載，指出神山遠望酷似一頭飲水巨象，象鼻下垂於寺前山谷。書中並介紹聞世洞、琉璃洞、金剛洞、空行洞、善逝八佛洞、報恩洞、成佛處、極樂仙境，被列為賽宗八大景，另有眾多奇景，包括格薩爾神犬足印、祖師聖水、法音洞、千手千眼觀世音、閻王鉗、度母賜子、如意牛乳鐘乳石、天然六字真言等。朝山者只要向寺方請購一冊，便可按圖索驥。

賽宗寺海拔3650公尺，為了利益朝聖客，寺方沿著轉山路徑修建了一條整齊的木棧道，翻過山口鞍部後，沿著山腰平緩行進，最後再登上另一山口，越過鞍部，陡下返回山下寺前的轉山起點。不過，一些洞穴聖跡都位在靠近山頂處，與山腰木棧道有段距離。

和蓮師最有關的是聞世洞和金剛洞，聞世洞所在處洞窟眾多，是諸多聖賢修行處，蓮師修行洞即其中之一。金剛洞相傳蓮師在洞內禪修時，鬼域七兄弟乘其不備用巨石堵住洞口，想害蓮師無法出關，沒想到蓮師手持金剛杵往上猛地一敲，洞頂立刻出現一個天窗，蓮師往上一躍，便跳出去了。

金剛洞非常特殊，洞中有洞，先進入蓮師敲出天窗的主洞，往裡還有低矮的兩個相鄰小洞，半蹲著身子鑽入後，洞內有蓮師足印、密勒日巴自然像、蓮師寶座、蓮師聖水及壁上自顯的千手千眼觀音法像等。

位於金剛洞最裡洞的聖跡，喇嘛説是蓮師腳印，但賽宗寺朝聖小冊無相關記載。

轉神山時，翻越第一個鞍部；稜線上平整的木棧道係賽宗寺修建。

天然自顯的財神寶藏聖跡。

離開山腰木棧道上爬後，岩壁間有許多小山洞，供奉著各式佛像。

空心圓洞被稱為閻王鏡；右側洞窟相傳是空行母舉行祭祀活動之處。

山腰木棧道與山頂岩峰間的草坡有數間小屋，後來帶我朝聖的兩位寧瑪派僧人，就是在這裡遇見的。

圖中央為聞世洞入口。

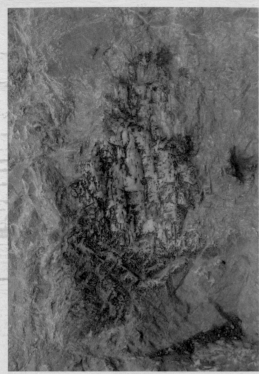

|右
蓮師修行洞內部，靠外側設有爐灶及卡墊，剩餘空間
如圖所現。

|左
聞世洞入口石壁上有宗喀巴手印。

|下
紅袍僧人站立處即蓮師修行洞，洞口修築了水泥牆，
以隔絕外人打擾。

金剛洞外觀。感謝兩位閉關喇嘛犧牲午休時間帶我朝聖及講解
（可惜他們不諳漢話，説的安多藏語我幾乎聽不懂）。

蓮師用金剛杵敲出來的洞頂天窗。

建在金剛洞岩壁下的簡陋閉關房，低矮只能鑽爬進出。

金剛洞最裡側洞內石壁上，天然自顯的千手千眼觀世音菩薩像；黃布條下方是一幅千手千眼觀世音菩薩唐卡。

青海省
▼
海南藏族自治州
▼
貴德縣
▼
松巴蓮花山

海南藏族自治州
松巴蓮花山 ཤུམ་སྒྲ་པདྨ་གནས་རི

蓮花山位於海南藏族自治州貴德縣尕讓鄉松巴村，緊臨黃河，山體外貌寬廣，因形似蓮花及蓮花生大士曾在此閉關修行而得名，昔日蓮師面河打坐的大石塊及身印石保存至今，閉關洞居高臨下，面向寬闊的黃河及松巴谷地，四周群山環繞，山河輝映，極具聖地之相。

貴德縣混居漢、藏、土、回、撒拉族等不同民族，構成豐富的文化景觀。「天下黃河貴德清」係貴德縣推廣旅遊的名言，黃河流到中游黃土高原時才成為渾黃的河，而貴德位於青藏高原，沒有黃土可挾帶，河水清碧，松巴村附近的黃河景緻便具此特色。

從省會西寧市到貴德縣城不到100公里；從貴德縣城到松巴藏寨27公里。公路抵阿什貢大橋後，彎進通往松巴村的唯一鄉道，這條單線道公路9公里，前幾年才修成。公路順著黃河與山勢迂迴曲折，右側是浩瀚黃河，左側是嶙峋山崖，景觀兼具柔美與壯麗，丹霞地貌濃郁，彷彿走進異世界。

鄉道最後急彎爬高到經幡飄揚的埡口，下方就是百來戶人家的松巴藏寨，這裡是貴德縣海拔最低之處，只有2200公尺。黃河流至此，在北岸沖積成一塊肥沃綠洲，再自蓮花山一側擠進松巴峽谷，往李家峽水庫而去。

松巴藏寨就位於肥沃綠州上，水土豐美，四圍山巒圍繞，河岸田園詳和，一座寺廟建在村中高處，寺前廣場一尊蓮師超大塑像巍然而立。

　　為什麼村名叫松巴？當地人解釋因為蓮師於此閉關過，在蓮師眾多化身中有一名號「貝瑪桑巴哇」，因此村名就叫「松巴」。

　　在村子入口處有座2003年設立的石牌「松巴村遷建略記」：「松巴古村地處貴德東北山坳，山崎水橫，據守松巴峽關隘，丹霞簇擁，生機萬象。百戶人家坐擁千畝良田，萬林桃梨，或耕或牧……，阡陌鋪陳，古木參天，炊烟靜嵐……。因高峽築壩，洄水漫莊……，全村三百餘口後靠遷建，打造高原民俗旅遊村。」

　　位於村子東方、聳立於黃河邊的大山，便是蓮花山，被村民視為神山。山上荒衮多石，只長稀疏的灌木；山下卻綠草

抵松巴村下車時，巧遇這位荷方鍬，穿皮衣牛仔褲的酷藏民，感謝他鼎力相助，打電話幫我搞定包車及食宿。

如茵，林木繁茂，莊稼肥沃。村人都相信是來自蓮花生大士的護佑。

　　以前要朝聖神山蓮師洞只能徒步，如今已修了土石車道，坡度陡彎。車停在車道盡頭的小空地，只要再往上爬約百來公尺即到。蓮師洞前方修建了一間小佛殿，殿內供奉蓮師塑像、四臂十一面觀音像等，壇城最左側角落即閉關洞所在，殿柱還掛著一幅曾在此閉關的大瑜伽師秋英多杰仁波切（參見本書065頁）法照。

村裡有許多古木，其中兩棵屬於楊柳科的「小葉楊」，是松巴村的神樹，自古以來有許多傳說故事，樹齡近千年，枝幹需數人合抱，枝椏繁茂，已列為國家級重點保護的古樹。

　　另在蓮花山腳下，古樹根部湧出兩眼泉水，清澈甘甜，是松巴村的神泉，左側一泉，水內有小魚蝦游動，當地傳說喝了會生女孩；另一泉沒魚蝦，喝了則會生男孩。

自村中水塘仰望蓮花山，右側高處即蓮師閉關洞，周圍有小佛殿及僧舍（目前無僧人）。

蓮師閉關洞位於懸掛風馬旗的小佛殿內；
蓮師身印石則位於左側小屋內（我朝聖時上鎖無法進入）。

從小佛殿走到山崖邊，巨岩聳立，山河景緻宛如畫布。

徒步上山途中，路旁這塊刻著〈六字大明咒〉的大石塊，我誤為是蓮師打坐處，下山後和師傅（在停車場等候）確認才知不是。

小佛殿內供奉的蓮師塑像。

右下角〈六字大明咒〉大石塊的左下方石頭，才是昔日蓮師打坐處。

大神樹旁邊建有小木屋提供遊客住宿。　　　小神樹位於田地之中。

兩神泉位於古樹下，當地傳說喝有小魚蝦游動的水會生女孩；喝沒魚蝦的水會生男孩。
但我認真瞧半天，不見魚蝦踪影。

青 海 省
▼
黃南藏族自治州
▼
尖 扎 縣
▼
金 剛 崖

黃南藏族自治州
金剛崖 ᠵᠡᠳᡦᡅᠠᠢ

位於尖扎縣馬克唐鎮以北4公里洛科村的金剛崖聖地，被藏文書《多康二十五聖地誌》列為蓮師身、語、意、功德、事業五聖地中的「意聖地」，素有「青藏高原莫高窟」之稱。

昔日吐蕃最後一位贊普朗達瑪滅佛，三位高僧（史稱三賢者）為避禍害，從西藏逃至此地修行。之後，刺殺朗達瑪的貝吉多傑（蓮師25弟子之一）也逃來此地，在山洞中修行。後來此地成為藏傳佛教重要的復興聖地。

根據藏文史料《賢者喜宴》記載，赤德松贊死後，由於長子藏瑪早已出家為僧，二子朗達瑪本性頑固，遂由三子赤祖德贊繼位。赤祖德贊篤信佛教，政權皆由僧人主持，引起一些大臣不滿，誣殺藏瑪及赤祖德贊，擁朗達瑪繼位，朗達瑪是吐蕃帝國末代贊普，西元838年至842年在位，他得到信奉苯教的貴族扶持，下令禁佛，強制推行苯教，史稱「朗達瑪滅佛」。

佛像、經書和法器或被扔棄或被焚燒或丟入水中，各大寺廟被關閉，僧人被迫還俗，若拒不還俗則被殺死，僧人們只得逃亡邊地，佛教受到嚴重打擊。

為了阻止朗達瑪滅佛，拉隆貝吉多傑決定刺殺朗達瑪。西元842年，朗達瑪在大昭寺前看碑文，貝吉多傑先把白馬用顏料塗成黑色，自己披上一件外黑裡白的外袍，

佯裝成苯教徒要向朗達瑪叩頭，靠近後，瞬間取出藏在衣袖的弓，一箭射死朗達瑪。

他一路逃到河邊，連人帶馬跳入水中，洗掉白馬身上的黑顏料，再把外袍反穿，變成白衣白馬，成功逃脫。逃到安多地區後，打聽到當地威望極高的三位高僧（即藏饒賽、瑤格炯、瑪爾釋迦牟尼三賢者）在金剛崖修行，於是前往投奔，並把攜帶的弓箭埋在修行的山洞前。

後共同建成今日智合寺前身（殿式塔樓），致力弘揚佛法，為之前幾乎要被毀滅的藏傳佛教重新奠定堅實基礎，因此，此地被後人認定是藏傳佛教後弘期的重要發源地之一。

智合寺因以崖洞為主，別稱金剛崖寺（以此名遠近馳名）。初始僅有一座殿式塔

石窟內的一尊蓮師銅像，座前放了張西藏大昭寺供奉的蓮師法照。

樓，內供貝吉多傑刺殺朗達瑪的鐵質弓箭做為所依。1246年，受蒙古王邀請進京的薩迦班智達途徑此地駐紮，修建護佑十方生靈的本康一座，離開時，囑咐薩迦派的根本護法寶帳怙主（二臂大黑天）作為主要護法，延續至今。

清代在此鑿開岩壁建佛堂，塑立佛像。今日的智合寺分為上、中、下院，上院有天然及人工石窟24處，分列於垂直高度約80公尺的山崖腰間，呈一字形排開；中院有一座佛殿，建於埋藏刺殺朗達瑪的鐵質弓箭處之上方；下院是大殿。

金剛崖的山雖不高，但地質山貌特殊，與附近景觀大相逕庭，獨樹一幟。任何一位朝聖者來到此地，當全景躍入眼簾的一刻，莫不發出讚歎！

金剛崖聖地全景，壁崖腰間散佈著天然及人工石窟 24 處，稱為上院。

中院佛殿建在埋藏刺殺朗達瑪之鐵質弓箭處的上方。

登高望遠，方形圍牆是下院大殿；圖左較近是洛科村，較遠是馬克唐鎮。

每座石窟供奉不同佛像，圖為三怙主（文殊菩薩、四臂觀音和金剛手菩薩）。

第三章
甘肅省

甘南藏族自治州
白石崖溶洞

距夏河縣城30多公里的甘加鄉境內，廣大草原中間突兀地聳立著一片壯觀的陡峭石崖，東西走向，長約15公里，寬約500公尺，當地人稱「白石崖」。遠遠望去，白石崖懸崖高聳，景觀奇特，宛如一幅鉅大的石屏風橫亙在綠草原之上，在陽光照射下熠熠生輝。

在白石崖左側有處山谷，一條清澈小溪穿過，谷口左側有一股泉水汨汨從山腳岩壁流出，往下流經幾座水嘛呢輪，被視為聖水，虔誠藏民在最下方接水洗臉洗眼洗身體，據說可以治病。

聖水自山腳岩壁流經草坡，引入下方紅色小屋，再以水管導出。

白石崖聳立於廣大草原中，挺拔俊奇；岩壁下方是白石崖寺及白石村。

山谷兩側岩峰高聳，在左岸山峰半山腰岩壁有一個可容數十人的大溶洞，洞口海拔3200公尺，洞壁拉有電線，每隔一段距離裝設一盞燈，據說是十世班禪喇嘛上世紀80年代來朝聖時接通的電路。

此地被奉為勝樂金剛與金剛亥母的聖地，也是安多藏區著名的修行地。據《噶丹教法史》記載：「蓮花生大士之化身開啟了丹斗（註1）、海心山（海心島，參見本書087頁）和聶貢扎嘎爾（藏語，指白石崖溶洞）等修行聖地，並予加持。聶貢扎嘎爾則被八思巴大師，達溫水努等先賢使其趨於明確；索南益西旺布大師在白石崖溶洞覺受蓮花生大士、度母、觀世音菩薩等住於此處；東科永丹嘉措看見二十四處空行母如雲集聚，薈供曼陀羅，並現見母子字母、如意寶樹、湖海、樹木，大屍林等……諸時賢則言此地乃勝樂金剛之聖殿。」

傳說山洞綿延百里，能通往黃南藏族自治州同仁縣、河南縣、循化縣境內的一些聖地和寺院。洞內不少叉路，為了安全，規劃了供朝聖客繞轉的路線，每個叉路都立有指示牌，各種自顯聖跡也都立有說明牌標註名稱。

朝聖時有固定路線，依規劃之順時鐘方向繞轉一圈約需1個多小時，洞內岩石千奇百怪，天然自顯的佛菩薩及各式各樣和佛教有關的圖案琳瑯滿目。

溶洞由位在不遠處的白石崖寺管理，該寺是歷代光日倉女活佛的駐錫地。《安多政教史》記載該寺建於17世紀，屬格魯派，目前由拉卜楞寺（格魯派六大寺之一）管理，寺主光日倉（藏語，意為守石山的人），當地都稱之為卡卓瑪（藏語，意為空行母），是安多地區著名的女活佛，也是甘南州眾多活佛中唯一的女性，是繼西藏羊卓雍湖（參見本書013頁）桑丁寺多吉帕姆女活佛後，傳承時間比較長的另一女活佛轉世體系。

註1：詳見作者2018年出版《蓮師在西藏——大藏區蓮師聖地巡禮》第一冊310頁。

白石崖溶洞位於Ｖ型山谷的左側山壁；車道盡頭是停車場和售票亭。

往溶洞的山路位於溪谷左岸，途中設有柵欄查票口。我為了拍攝白石崖溶洞全貌，特地繞行一大圈走到溪谷右岸。

| 上
溶洞入口設了兩座小壇城。

| 右
第六世貢唐大師手印（黃石碑頂壁面）；右
上方牌子標註附近聖跡名。

| 左
這片天然黃色皺摺的石壁，看似化石，被命
名為「大象皮」。

溶洞入口左側白塔。

自寬敞的溶洞入口往裡走，走進黑暗，也走進神聖的空間。

溶洞內有寬有窄，上上下下。

洞內落差過大的地段，均架設了鐵梯。

祈福哈達自岩壁頂（以酥油黏著）懸垂而下，形成一道風景。

朝聖
扎記

多年前經拉薩藏族好友介紹，認識自甘肅跟團到台灣旅遊的南木金曼，互加微信，熱情親切的她數度邀我到她家鄉「美麗的甘南州」玩兒。

2018年我獲知夏河有座白石崖溶洞是蓮師聖地，不知如何前往，請教南木金曼，她也沒去過，但有位親戚南開朝聖過兩回。叫我從西寧搭客車到夏河，他們（加妹妹和妹婿）4人一起從老家開80公里來接我。我本婉拒，不好意思勞駕她們，但南木金曼貼心解釋是她們也想朝聖，順道載我而已。

從夏河縣城又開了30公里抵甘加鄉，叉路立牌寫著距白石崖寺院和溶洞9公里。彎進之型盤旋的小車道，往上爬升，翻過山後，視野遼闊，下方是一片放牧牛羊的草場，地平線盡頭，白石崖拔地而起，一片連綿的白灰色岩壁，挺拔俊奇。白石崖寺就位在岩壁下方草坡，寺廟下方是白石村。

我們朝著白石崖靠左側的V形谷前進，南開說溶洞入口就在山谷左側隱於雲霧中的險峻石峰下。原本一路天空灰暗，此際逐漸放晴，藍天現身。

停車場不少車，一眼望去都是藏民。售票口旁立了塊石頭，寫著漢文「白石崖溶洞」和藏文「卡卓頗章」（空行母宮殿），售票員是白石崖寺喇嘛。

南開買票回來對我笑說：「藏民10元，遊客40元，我買了5張藏民票。」我本想回答我買40元票沒關係，就當護持寺廟，話未出口，想到剛才一路聊天他們的語氣和態度，在他們眼中，我並不是一個來旅遊的漢人，而是不遠千里來朝聖的佛教徒，能獲得認同，是我的榮幸，趕緊微笑接過票。

走往石峰夾峙的峽谷，小溪旁有水嘛呢轉經筒及聖水（離開時南開裝了一大桶要帶回去分享親朋好友），喝過聖水後，繼續往裡走，爬上階梯，轉彎處設有柵門，一位紅袍喇嘛在查

票，收了我票後看我一眼，轉頭和南開他們用藏語快速交談，每個人都笑了，我聽不懂，但也隨著微笑。

石階盡頭就是寬廣的溶洞入口，一入洞，左側有大白塔，右側有兩座小壇城，供奉班禪大師及高僧大德法照，另有一單獨的玻璃櫃，供奉蓮師塑像。

我彎身拍攝蓮師時，玻璃映現我身影及背後洞外天光，蓮師和我重疊，彷彿端坐在我心頭，平日我經常觀想蓮師在心中或在頭頂，當下有如抽象化為實境，全身汗毛豎起，嗡啊吽，班雜古魯貝瑪悉地吽～

靠近地面岩壁有甘肅最大寺廟拉卜楞寺第六世貢唐大師留下的手印，五指分明，被摸得光滑晶亮。大師一生流傳許多傳奇故事，這是其中之一。據載有次大師為祈求甘加草原人丁興旺，到白石崖溶洞念經，結束離去後，人們發現在大師手按過的石壁上，留

我彎身拍攝供奉在玻璃櫃內的蓮師，玻璃映現我身影及洞外天光，蓮師恰好鑲嵌在我心頭。嗡啊吽，班雜古魯貝瑪悉地吽～

南木金曼姐妹親切熱情。

下了這一個清晰的手印。

手印前方斜放了一長形石塊作為紀念碑，並以中藏英文寫「第六世貢唐大師顯靈之手印」，在場每個朝聖者排隊輪流在石塊上五體投地大禮拜，並把自己的手放在大師手印上領受加持。

一旁岩壁上有眾多自然顯像，說明牌標註有自然顯相的「三怙主、綠白度母、十字金剛、時輪金剛心咒、蓮師心咒、龍魔珠三、大自在男生殖器」，項目眾多，但不易辨識。

再往裡走，壁面拉有電線，每隔一段距離有一盞小燈，據說是十世班禪喇嘛上世紀80年代來朝聖時接通的電路，但不知何因（有人說是電壓不穩，有人說是感應不夠靈敏），偶而燈亮，但沒幾秒又熄滅，只能靠手電筒和手機照明。

走到一寫有「烏金蓮花樹、天然嗡啊吽、烏金壽泉水、空行密籍、閻

羅陽（男）洞、大象皮」的說明牌，路一分為二，左進右出順繞一圈。

往左趴地鑽進窄洞，往裡還有「大威德金剛頭、天然閻羅王、天然白度母、勝樂山崖、空行乳房、自然頭骨、閻王路、閻王女洞」，不勝枚舉。

除了入口寬敞外，洞內空間時寬時窄，路徑上上下下，地面偶而平坦，大多崎嶇不平，有時在大小岩石間攀上爬下，有時還需貼地鑽縫。

有幾段上下落差大，陡峭難行，設有鐵梯，其餘大多是拉繩索或立鋼筋，輔助朝聖者上下。聽說都是白石崖寺來設立的，令人滿心感恩。若沒這些輔助，真不知要如何行走，說是冒著生命危險也不誇張！

看到那些上了年紀的藏民，讓人尤其欽佩，很多比我年紀大，緩慢行走，還有媽媽揹嬰兒，爸爸抱小孩的。

續行途中又出現叉路，立有危險的警示牌，禁止行走，聽說曾有歐州遊客在裡面摔死了，因而封閉。

快出洞前，右側岩壁有一往內凹的低矮小洞，我好奇靠近往裡瞧，小小空間內有幾片破草蓆和一床舊棉被，不知是否有人曾在此閉關。

順時針圓滿朝聖一圈，走出洞外，回望一眼洞內深處，彷彿剛走過諸佛菩薩國度，身心皆淨化。

朝聖圓滿樂開懷；特別感謝嚮導南開。

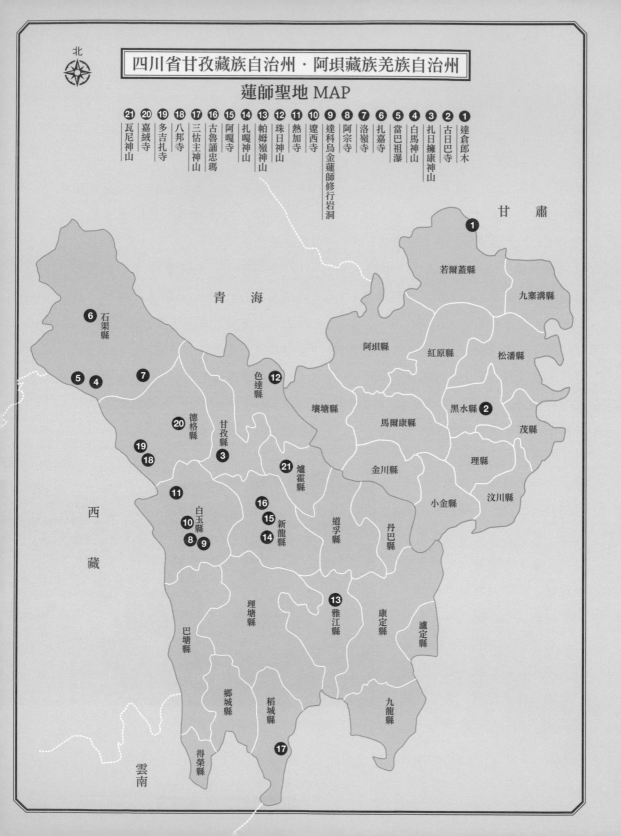

第四章
四川省

阿垻藏族羌族自治州
達倉郎木 ཕྱུག་ཆེན་ལྷ་མོའི་གནས།

　　郎木寺以旅遊勝地聞名遐邇，但大多數人以為它是一間寺廟，事實上是行政區名，而且代表兩個行政身份：一個是甘肅省甘南州碌曲縣的郎木寺鎮，一個是四川省阿垻州若爾蓋縣紅星鎮的郎木寺村。這兩個不同的村鎮通常都被簡稱為「郎木寺」。

　　很久以前，這裡住的全是安多藏民，地名就叫「達倉郎木」（簡稱郎木，或漢譯成納摩），達倉指虎穴，郎木指仙女，地名由來乃因本地一石洞中有天然形成的護法神班丹拉姆（吉祥天母）鐘乳石像；森林中有一虎穴，相傳是蓮花生大士來此降伏猛虎之處。因此得名達倉郎木。

　　後來這裡先後修建了兩座寺廟，人們提到郎木地區這一帶時，有時會簡稱為「郎木寺」，長期以往，郎木寺變成泛稱詞，既是行政地名，也是鎮上兩家寺廟的簡稱。

　　一條寬不到2公尺的小河從村中穿過，名字很氣派，叫「白龍江」，當地人又稱「白水河」，是嘉陵江源流之一。小河將郎木寺一分為二，江北屬甘肅，有一間寺廟

名「安多達倉郎木賽赤寺」，簡稱賽赤寺；江南屬四川，也有一間寺廟名「安多達倉郎木格爾底寺」，簡稱格爾底寺。兩間寺廟通常都簡稱為郎木寺。

這兩間寺廟均屬格魯派，四川的格爾底寺比甘肅的賽赤寺早建300年，西元1413年初建，目前有僧人1000多位，是四川阿壩地區格魯派規模最大、最具影響力的寺院之一，加上寺內供奉有五世格爾登活佛肉身，遠近馳名。

五世格爾登活佛法體已過了200多年，肌膚仍有彈性，早期指甲和頭髮持續生長，文革時，為避免被破壞，藏民將法體埋入草原保護，事過境遷，重新挖出後，頭髮和指甲卻不再生長。

兩寺隔「江」相望，中間還有回族清真寺。這地跨兩省的山中小鎮，藏、回、漢三個民族混居，和諧相處。

郎木寺的東南面是嶙峋光禿的紅石崖，西南是茂密森林大峽谷，西面是山丘，北面是岩石裸露的高山，因此有人以「金盆養魚」形容此處的地理環境。也有人形容郎木寺就像躺臥在一個精緻磁碗裡，四周環狀山巒是碗的邊緣，底部及碗腰散落著街道、民居、酒店、寺廟，點綴著林木花草和河流，像是彩繪的青花碗。

景點聖跡主要位於四川境內格爾底寺後方山谷，寺廟山門前立有大木牌，圖文並茂介紹寺史和各景點特色，並標示距離：肉身舍利塔500公尺，郎木仙女洞700公尺，老虎洞800公尺，納摩（郎木）大峽谷900公尺等。

在郎木寺西側一高聳石壁上，有一巨型手印，傳說，從前石壁有一泉眼，水流噴湧不止，淹沒村莊，寺中活佛上前猛擊一掌，泉眼被封住，從此滴水不漏。

多年以來，這裡一直是歐美遊客青睞的旅遊勝地。肇始於上世紀中葉，美國傳教士詹姆士來到這裡，被深深吸引，融入當地人生活中，定居到1957年返美，把這段生活旅記寫成書《Tibetlife》，出版後，郎木寺小鎮名揚海外，無數西方人被這微縮版的東方小瑞士吸引，紛至沓來。

甘肅境內的賽赤寺。

從賽赤寺眺望四川境內的格爾底寺；圖右側山谷即白龍江源頭。

郎木寺東南面嶙峋光禿的紅石崖，屬丹霞地貌。

｜上
藏民不畏冬季酷
寒，繞轉寺廟。

｜左
白龍江畔的水嘛呢
輪，在溫泉熱氣和
積雪襯托下有如精
靈小屋。

｜右
岩壁上樸拙古老的
彩繪佛像和〈六字
大明咒〉。

老虎塑像記錄蓮師曾在此降伏猛虎，也說明此地曾森林茂盛，猛虎棲息。

冬季山洞頂和地面結滿各種形態冰柱，環肥燕瘦，煞是可愛。

走過白龍江小木橋，回看仙女洞。

| 上
過了木橋即納摩大峽
谷入口，全長 5 公里，
通往白龍江源頭。（冬
季結冰滑溜難行）

| 右
仙女洞內天然的護法
神班丹拉姆（吉祥天
母）鐘乳石像。

| 左
仙女洞內有塊凸石，
被視為吉祥天母的瘟
疫袋，又叫去病石。
將身體靠緊摩擦可消
除諸疾，因此被朝聖
者磨得光滑亮晶。

11月中旬，清晨7點自阿壩藏族羌族自治州府馬爾康搭大巴往若爾蓋，預計從若爾蓋再轉車前往郎木寺。由於中國未分時區，統一採用北京時間做為標準時間，眼前四周猶漆黑，馬爾康到郎木寺將近400公里，一路海拔在2600至3300多公尺之間，又是漫長的一天山路。

車上乘客不多，集中坐在前幾排，我獨享後面空間，拿出念珠持咒，隨著天光漸亮，窗外白花花一片，仔細一看，啊，下雪了，溪谷和山坡到處積滿白雪，樹上也全是冰掛，看來不是剛下，這一帶由於地形關係，雪下得早也易積雪。

公路有些地面結冰，客車司機技術高超，駕駛平穩。但開在我們前面的運貨大卡車，不斷打滑蛇行，全車人看著都緊張，因為公路右側就是陡坡溪谷。

直到過了結冰地段，終於可以好好欣賞窗外雪景了。

大多數人不喜歡在酷寒的冬季旅行青藏高原，我卻獨鍾，淡季遊客少，天地一片寂靜不喧譁，若遇上下雪，不僅外在世界被淨化，內心世界也在清冷中沈澱，無論是飄雪輕舞，或大雪磅礴，或冰雪融化，彷彿都在闡述人生不同際遇的心境。

生長在亞熱帶台灣，只有在高山才能與雪相遇，猶記得大一寒假，特地攀登海拔3886公尺的台灣第二高峰雪山，渴盼生命中第一場初雪，夜宿山屋，雪仙子午夜悄悄降臨，晨起，一幅銀色雪景鋪展在天地間。

默立在雪地中，敞臂仰看雪花漫天飛舞，一往情深落入大地，也兜滿我胸懷。不久，雪花落盡，一方藍天推開烏沈天際，陽光灑落，心田深處漲滿一股鮮活的存在感。

一晃眼，已過將近半世紀。依然喜歡下雪，喜歡看雪淨化大地，遮掩所有醜陋與髒亂，喜歡雪後的陽光，給人溫暖與希望。

沒在寒冷的地方待過，不會明白太陽的美好；只有經歷過寒冬，才會渴盼春天，珍惜春暖花開～

四　川　省
▼
阿垻藏族羌族自治州
▼
黑　水　縣
▼
古日巴寺

阿垻藏族羌族自治州

古日巴寺 གུར་པ་དགོན་ཐུབ་བསྟན་མདོ་སྔགས་བཀྲ་ཤིས་ཆོས་འཁོར་དར་རྒྱས་གླིང་།

古日巴寺全名「古日巴寺顯密吉祥法輪洲」，位於阿垻州黑水縣麻窩鄉別窩村，距離縣城26公里，海拔3050公尺。寺廟地處半山腰，附近主要是嘉絨藏族聚居的村落。

古日巴寺是一座寧瑪派白玉傳承的寺廟。已有四百多年歷史，最早由寧瑪派白玉傳承法王噶瑪卻巴讓波的弟子大成就者扎庫活佛創建。建寺至今，前後搬遷過三次，興盛時僧人多達400多人。數次被毀，上世紀末重建，目前只有40多位僧人，以袞布措達（蓮花生大士忿怒身）為主要本尊，袞

古日巴寺空拍全景。（塔斯甲上師提供）

由寺廟高處往下望，山谷深切，谷底黑水河隱約可見。

布措達的心咒是寺廟僧眾每天必修之課。

　　古日巴寺住持土丹羅登成列是位被認證的轉世祖古，信眾都稱他為塔斯甲上師，20多年前，他就讀白玉佛學院時，恰好我上師堪布徹令多傑仁波切被貝諾法王從印度派至白玉佛學院任教。我輾轉聯繫到塔斯甲上師時，他一聽到我是堪布在台灣的弟子，正在寫有關蓮師聖地的書，立刻大力提供協助。

　　寺廟東方大山是自然行成的駱駝形狀（自上山半途往上看比較像，有二駝峰），南方有一棵由蓮花生大士忿怒身袞布措達變出的吉祥寶樹，塔斯甲上師介紹時說路途很遠，需翻過後面大山，那裡還有毗盧遮那的閉關房，和當時留下的手印、自然形成的六字真言，以及毗盧遮那用拐杖杵地後化成的一棵蓮花狀大樹。多年以來，毗盧遮那一直加持該地，業力清淨的眾生可以聽到優美的誦經聲，也會看到許多吉祥的景象。

　　若站在山谷對面看過來，古日巴寺所在的這座大山像極自然形成的一頭大象，寺廟就座落在大象腰部。

　　另外，在大象前腳位置（靠近山腳下的黑水河畔），還有蓮師殊勝化身格薩爾王留下的腳印和馬蹄印，以及格薩爾王加持後自然長出像馬鞍一樣的巨石。傳說那裡曾有兩名空行母打水，遺跡留在溪旁石壁上。可惜這些聖跡已經因水電站的修建遭到破壞，完全消失了。

大殿內供奉的蓮花生大士塑像。

正中為大殿，左為護法殿，右為普巴金剛殿。

近年內修建完成的蓮花生大士塑像，高達8公尺。

四川省
▼
甘孜藏族自治州
▼
甘　孜　縣
▼
扎日擁康神山

甘孜藏族自治州
扎日擁康神山 ཐག་རི་གཡང་མཁར་གནས་རི

扎日擁康神山位於甘孜縣城以西約 36 公里的來馬鎮納洼村，就在川藏公路北側，站在公路上就能看得一清二楚，是座橢圓形的小山頭，高約 50 公尺，整體面積不大。

據傳神山是由藏族英雄格薩爾王（蓮師化身）頭盔化成的，神山上還有格薩爾王征戰時留下的號角、戰鼓等。據說，藏曆每月 15 和 30 號，具緣者能聽到自神山傳出各種法器聲，並有「南部吹海螺，東部聽神鼓」之說。

神山對面山上有許多岩洞，蓮花生大士、宗喀巴大師和歷代高僧都曾在岩洞修行。其中一個山洞是十六世噶瑪巴讓炯日佩多傑姑媽的閉關修行洞，她在文革期間，化為虹光，只留下頭髮和指甲。

扎日擁康神山是典型的「山不在高，有仙則名」，藏民經常來繞轉神山。目前在此長期修行大圓滿法的覺姆（藏東對尼姑的稱呼）共有 17 人，由 1 位喇榮五明佛學院堪布和 2 位喇嘛指導，每年冬季均依傳統進行百日閉關。

扎日擁康整座山體分佈著灌木樹叢和造型各異的岩石，有些岩石上自然顯現各種神奇圖案。一條不寬但水流豐沛湍急的小溪從神山西側穿入山體，再從神山東側山腳流出，形成洞穴暗流，嚴冬會整個結冰，可沿冰面走進山洞，洞裡又分成四路，充

左為扎日擁康神山，右為覺姆修行區及新修的大殿。（以超廣角拍攝）

爬上覺姆區高處，下眺神山，背倚川藏公路，遠方雪山連綿。

滿形態各異的冰柱和鐘乳石，四周岩壁佈滿琳琅滿目的自顯圖案，奇特又殊勝。

神山山腳靠近東側暗流出口一旁的小山坡，有塊巨岩，上有自顯的蓮師聖像，長期以來，被每個朝聖者撫摸叩頭，已磨得光滑油亮。

神山北側有一條明顯小山路可往上爬，山頂建了小亭子，供奉蓮師化身的格薩爾王法照。

沿著山腳繞轉神山一圈只要 10 分鐘，繞到神山南側時有小路通到山坡一處石屋遺址，往昔曾有一位來自青海的喇嘛在此閉關修大圓滿法，和噶瑪巴姑媽差不多同時期，也是文革浩劫時化為虹光身而去，只留下頭髮和指甲，被當地人津津樂道。

過了石屋遺址往前，山體底部有一缺口可鑽入，暗流於此轉了個彎，可看到水流沿細窄的岩縫往裡流淌，冬日通常此處會先結冰，可往裡走一小段，瀏覽岩壁上奇特的圖案。

十六世噶瑪巴姑媽的閉關修行洞，她在文革期間化為虹光而去。

鐵梯盡頭即蓮師和宗喀巴閉關過的修行洞。

｜上
神山山腳靠東側河
流旁的天然巨岩，上
有自顯的蓮師聖像。

｜右
首次朝聖時，我看到
的蓮師自顯像，狀似
蓮師側面坐在法座
上。

｜左
第二次朝聖，相同位
置，光線不同，蓮師
自顯像變成形似正
面。

神山山壁天然海螺聖跡，傳説以口就洞，
若能吹響，整年都會平安順利。

每逢藏曆殊勝日，以大禮拜方式繞轉神山的藏民
特別多。

左
神山南側底部，暗流轉彎，自小缺口鑽入後可看到壁面神奇圖案。

右
簡易廁所大多無頂，有的牆也只圍三面，無比通風。

下
神山東側暗流出口小溪，冬日逐漸結冰。

2018年11月，首度拜訪神山，公路旁以大木牌標示著「祈福聖山，扎日擁康神山」。

這座神山是我朝聖十多年以來，見過最迷你的一座，站在山腳下往上仰望就可看到山頂，估計10多分鐘就能爬上，不過山坡積雪，部份還結冰，安全考量我只站在山腳下合十膜拜。

走往北側的寮房區，幾位藏民正走石階下來，原來是來看望在此修行的親戚。我請教他們蓮師和宗喀巴閉關洞在哪裡？回答要從下方沿河岸往裡走，洞在山壁上，目前有喇嘛閉關，不能去打擾。

其中一位阿佳喇知道我是來朝聖的佛教徒後，告訴我神山下東側的石壁有一尊蓮師像，很殊勝。

我用藏文說：「囊炯（藏語自顯的意思）嗎？」

她笑得很開心點頭，為我帶路，順轉走到神山東側溪畔山坡，有塊巨大岩石，頂上小壇城供奉著蓮師塑像。

果然岩面有尊蓮師自顯像，看似側面坐在法座上。

他們開車離開後，我獨自端詳著蓮師自顯像，邊誦蓮師心咒邊觀察整塊巨石，看到下方有一部位同樣被摸得光滑烏亮，感覺有點像一腳站立一腳抬高的金剛亥母。

往阿佳喇說的方向走，幾百公尺便看到山壁高處有一山洞，以鐵梯連結，應該就是蓮師和宗喀巴閉關過的修行洞，我站在鐵梯底下合十禮敬。

走回寮房區，一抬頭，看到山坡上有位覺姆站在屋前，含笑望著我，我回以微笑，喊聲「扎西德勒」，她招手要我上去。

一段因緣就此展開。

隨她進屋，一樓堆放柴火雜物，爬梯上二樓，有個小平台，進門後中間是廚房，左側是小起居室，右側是全體覺姆共用的經堂，供奉著法王如意寶及阿秋喇嘛法照，原來這裡的閉關行者屬寧瑪派，全體茹素。

覺姆名叫白瑪啟珍，今年53歲，15歲就出家了，跟著上師在阿宗寺（詳見本書188頁）學習大圓滿法，上師圓寂後她來此閉關。那時只有5位覺姆，目前已有17位了。覺姆需輪流負責經堂供佛及為民眾登記念經超度護持等事宜，輪值時就住在左側小起居室，其它時間待在各自寮房閉關修行。

經堂前方正在蓋大殿，已蓋好一層，冬季停工。瞭解他們募款困境後，我告訴覺姆我現金帶不多，先護持幾百元，回到縣城再匯5000人民幣，並會另匯2000人民幣供養20位修行人。

覺姆笑逐顏開，緊握我手說：

「非常感謝啊，袞秋拉嫫，我會通知每個人幫你唸經祈福！」

「不用不用，一點點供養而已，不勞費心。」

「不不，每人100很多，藏曆年快到了，對經濟困難的覺姆，100就可以準備很多東西好好過年。平日，很多覺姆100就過一個月了呢！」

她說得真誠，我卻聽得汗顏，100人民幣才台幣450元，想起前不久，我們佛學中心為歡迎自印度來台的新堪布，舉辦聚餐，一份素食餐就要600元，頓時對自己一餐就花

覺姆白瑪啟珍隨時都笑瞇瞇，親切和藹。

掉覺姆 40 天的生活費而心生慚愧。

返台後，有次和中心師姐談起這次經歷，她們對覺姆的刻苦修行非常感動，表示我若有機會再去，也想供養。

2019 年 4 月，我朝聖其他蓮師聖地，帶著師姐們的供養金再度到扎日擁康。這回神山積雪已融化了，我先獨自爬上神山頂，供奉格薩爾王，然後覺姆陪我繞轉神山及幾個修行洞一大圈，她膝蓋不好，走得很慢。

經過神山東側小溪洞口，她說這個冬天她進去了，裡面有 4 條路，我興奮地問：

「有拍照嗎？」

她搖頭，我失望地又問：

「那裡面有什麼？」

「很多很多，啥都有！」

「到底是什麼？佛菩薩？法器？還是……」

她搖頭，想了半天還是不會形容。要我自己冬天時進去看。

每隔一陣子覺姆白瑪啟珍就把 80 多歲的母親接來同住。

2020 年 1 月，農曆臘月我三度前往，覺姆們正在進行百日閉關，我到時恰好是藏曆 11 月 15 日法王如意寶圓寂日，來轉山及請做佛事的藏民特別多。白瑪啟珍又輪到當執事，除了平常要做的事外，還兼上下座時間提醒，每天從早上 5 點起床號到晚上 9 點半休息號，共要吹海螺 8 次。

這天她個人發心請客，準備了一大鍋像湯圓的丸子，藏名叫「巴張瑪各」，中午下座後，全體覺姆都會到經堂來用餐。我問：

　　「剛好我要護持每人 100 人民幣，可以在覺姆用餐時供養嗎？」

　　「可以啊，今天是吉祥日，你能發心供養真是太好了。」

　　下午跟隨絡繹不絕的藏民一起轉神山，有一群藏民還以大禮拜方式進行，好在轉山道已從土路變成水泥路，不然積雪溼滑混雜泥土，泥濘難行。

　　這次我來的主要目的是進洞朝聖，沒想到暖冬，小溪進出神山的兩頭都還未結冰。繞到山體南側底部，小溪暗流在那轉了個彎，水流沿細窄的岩縫往洞深處流淌，我從窄缺口鑽入，看到水流有小部份結冰了，可沿邊緣往裡走幾公尺，兩旁岩壁上真的有各種神奇的紋路圖案，可惜無法再深入。

　　傍晚覺姆帶我去見此處最資深的喇嘛（5 點下座才接見信眾），她一再強調他不是普通喇嘛。近 70 歲的喇嘛在此閉關已 30 多年，之前還在亞青寺閉關過 10 年，在色達喇榮五明佛學院閉關過 6 年。

　　老喇嘛言行舉止正如成熟的稻穗，謙虛內斂，先為我和覺姆加持，再進行消災除障，儀式頗長，之後又問我上師、傳承、修法內容等。

　　告辭時，喇嘛將我一進門獻上的供養金還給我，笑說他都在閉關，從不出門，三餐有家人幫忙，完全花不到錢。

　　心中升起無限讚歎，一輩子都在閉關修行，而且都在條件艱難之處！

　　就寢前，走到幾十公尺外上茅坑，無頂，只有三面矮土牆圍繞，四處空曠，夜風亂竄，冷到骨子裡。

　　抬頭望見滿天星斗，月亮才要從山峰探出頭來。放眼山坡寮房一盞盞燈火，這樣的夜晚，惟一就是修行～

甘孜藏族自治州
白馬神山 པདྨ་གནས་རི

白馬（藏語，意為蓮花）神山是康區著名神山之一，位於距離石渠縣城70多公里的洛須鎮，山頂海拔4000公尺。

自古有「塞外江南」和「青稞之鄉」美稱的洛須鎮，緊臨金沙江（對岸即西藏）。藏籍史書《西藏王統記》記載唐朝文成公主「行至康區之白馬鄉，開荒種田，安設水磨。」白馬鄉指的就是背倚白馬神山的古洛須，當地藏民世代傳說白馬埧耕田的黃牛，是由文成公主一行人引入的，因此洛須舊稱「隆塘」（藏語，隆是黃牛，塘指平埧）。

傳說蓮花生大士及弟子曾在白馬神山的岩洞閉關修行，在海拔約3700公尺處的石頭上留有蓮師清晰的手印。蓮師也曾在此地降伏魔鬼，之後自然長出一塊大石，石上自然顯現一尊蓮師像，在蓮師像左肩上方還有耶謝措嘉佛母的身影，若隱若現。

帶我們朝聖的當地藏民特別介紹，蓮師自顯像的頭頂和卡杖嘎有幾抹色彩，那是很久以前，曾有人主張應該替蓮師塗抹色彩比較鮮明，沒想到爬上去才畫了幾筆，岩壁上方一塊巨岩突然掉落，轟然一聲巨響，把那人嚇壞了，心想可能是蓮師阻止，停筆不敢再畫。而那塊自己掉落的岩石至今仍躺在原地。

從石渠縣城到洛須鎮需翻越數座高山，2018年前往時路況不佳。

當地村民在白馬神山下興建蓮師塑像，另一側是大轉經輪拉康和一大型嘛呢堆。

在蓮師自顯像石塊後方，另有大岩石堆，上面有天然形成的海螺和獅子爪印。再往上，還有天然形成的佛塔、藏文嗡字和吽字。

靠近山腳沒多遠的地方，有一道低矮橫長型的土坡，據說是昔日此處有條大蛇作怪，被蓮師丟擲大石頭，正中要害降伏而化成。

神山靠近山頂處分佈許多山洞，至今仍有不少僧人在山洞閉關修行。沿山脈稜線越過鞍部的隔鄰山峰，被稱為「森給朗宗」（藏語，意為臥獅），有尼姑寺，不少覺姆在那一帶閉關修行。

草坡上這塊突兀巨石就是蓮師取來丟擲降伏大蛇的大石頭。

神山上還有一塊神奇石頭，終年聚集泉水，盈而不溢，被稱為「格薩爾王的洗臉盆」；另外傳說神山中有道泉水是格薩爾王妃珠姆沐浴的地方，源於有一條蛇驚豔於王妃的美麗，就像被點穴一樣動也不動，之後泉水就從蛇頭湧出。

神山另一側隔著河谷對面山上，矗立著須然寺，那裡地名「鄧柯」，是格薩爾王11大將之一的鄧瑪大將的出生地。整個鄧柯地形呈蓮花狀，四周群山狀似八吉祥圖，十分殊勝。若站在須然寺望過來，可清楚看到狀若大鵬金翅鳥的白馬神山以及宛如一尊臥獅似的森給朗宗。

|上
山峰與道路之間這
道低矮的橫長型土
坡，傳説是昔日被蓮
師丟擲大石頭降伏
的大蛇化成的。

|右
次多杰用手指出天然
形成的獅子爪印位
置。

|左
帶我們朝聖的嚮導次
多杰，是個 60 多歲
的康巴漢子，帥氣熱
心。

蓮師留下的手印。

蓮師自顯像，在他左肩上有佛母耶謝措嘉的顯像，若隱若現。昔日自行掉落的巨大岩塊仍躺在地面。

此山峰即森給朗宗（臥獅）聖地，有不少覺姆閉關修行；白色水泥路右行係通往白馬神山半山腰。

自洛須鎮卓瑪拉宮的外牆望向白馬神山。

四川省
▼
甘孜藏族自治州
▼
石 渠 縣
▼
當 巴 祖 瀑

甘孜藏族自治州
當巴祖瀑 འདམ་པ་སྒྲུབ་ཕུག

蓮師閉關洞當巴祖瀑（藏語，當巴是地名，祖瀑是修行洞的意思）位於洛須鎮正科鄉當巴村，距鎮上約20公里。與白馬神山、卓瑪拉宮（註1）並稱為洛須三大聖地。

之前從沒聽過這聖地，也沒看到相關記載，是在朝聖白馬神山時，巧遇管理大轉經輪拉康的當地村民，60多歲的次多杰，不太會說漢話，但熱心當嚮導帶我和諾布師傅爬上山，一路詳細解說。我看他見多識廣，請諾布問他洛須鎮附近還有沒有其他蓮師聖地。他說：

「還有一個蓮師閉關修行洞，加上白馬神山和卓瑪拉宮，是我們洛須最著名的三大聖地。」

當巴祖瀑位在洛須鎮著名旅遊風景區鄧瑪溼地斜對面的山坡，須徒步走過樹林和草地，往上爬約百來公尺，樹林中有道瀑布自岩壁飛濺而下，岩壁右側靠上方處即蓮師修行洞，自底部架有二道之型木梯和鐵索供人拉扶爬上。

註1：參見作者2019年出版《觀音在西藏——遇見世間最美麗的佛菩薩》236頁。

山洞入口有一天然石座法台，供奉了一幅裝在玻璃框內的蓮師法照。洞口寬約1公尺，進去後更寬，洞深不到10公尺，中央一前一後有兩根連接地面到洞頂的大石柱，繫滿哈達。

　　據說洞內冬天會開一種特別的花，其它地方看不到，只生長在此洞內，非常殊勝，當地人都相信是蓮師加持之故。

從洛須鎮往蓮師洞途中，遠眺白馬神山。

蓮師洞在這片岩壁另一側。

一道瀑布自岩壁飛濺而下，蓮師石像沐浴在水花中。

蓮師洞需爬過兩道木梯才能上達，岩壁佈滿小洞，當地人警告有蛇。

山洞入口有一石座法台，供奉一幅裝在玻璃框內的蓮師法照。

洞中央一前一後有兩根從洞頂下垂到地面的石柱，繫滿哈達。

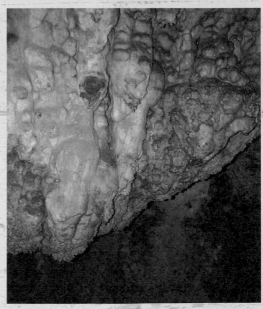

洞內壁面凹凸不平，奇形怪狀。

洞頂奇妙的石頭。

次多杰介紹蓮師修行洞時，只說距鎮上約半小時車程，半路再問當地人。但我和諾布開約半小時後，卻找不到人可問，繼續往前開，迎面而來一位騎摩托車藏民，問了才知已開過頭，藏民叫我們跟在他後面往回開。

原來是在之前經過的鄧瑪溼地景區斜對面山坡上，藏民詳細告訴我們如何走後，又說抱歉他有事急著到鎮上，不然就會親自帶我們去。真是一位熱心又純樸的好人！

停車徒步穿行樹林和草地，斜坡往上爬約幾百公尺，樹林中出現一大片岩壁，五彩風馬旗飄揚，一簾瀑布自岩壁頂上飛舞而下，飄散成水花四濺。水簾中立著一尊蓮師塑像，蓮師洞就在右側陡壁上方，架了兩段木梯呈之形連結而上，貼壁還有一條鐵索供人拉扶。

我迫不及待要往上爬，諾布大喊：「等一下啊，衰秋拉嫫，小心有蛇，拿根樹枝再爬上去。」

前一天次多杰介紹蓮師洞時，特別提醒這一帶草地和岩壁都有蛇，要我們小心。剛剛一路走來，諾布就拿著一根樹枝不斷揮打，說要「打草驚蛇」。

「諾布你好膽小喔！」我開玩笑。

「我怕蛇啊！」諾布很正經回答。

「我也怕啊，但我看過報導，其實蛇也怕人，看到人就會逃走，除非牠感受到威脅，不然不會主動攻擊人。」話雖如此，大概很少人會不怕蛇吧。

這下又被諾布提醒有蛇，我停步幾秒，仔細端詳，兩段之形木梯緊貼著岩壁而設，壁面佈滿大大小小的洞，確實讓人看了心裡毛毛地，該不會每個洞裡都住著一條蛇吧？但木梯有點陡，兩階之間距離又遠，腿短的我需用手拉鐵索當助力才跨得上去；小相機還掛在手腕，方便隨時拍照。根本沒空手拿樹枝。

只好望著壁面的洞，誠心誠意出

聲：「蛇先生蛇小姐，拜託借我過一下，我是來朝聖的佛教徒，朝聖完就會離開，請不要出來嚇我，謝謝！圖皆切！」然後邊持誦〈蓮師心咒〉邊扶著鐵索往上爬。

二段木梯爬完還有幾個水泥階，進到洞裡，人可站立。入口左側有一石座法台，立著一幅裝在玻璃框內的蓮師法照。入口不寬，進入後寬約 2 公尺，洞深不到 10 公尺，中央一前一後有兩根石柱，從洞頂垂到地面，綁滿哈達。

諾布在我鼓勵下也爬上來了，次多杰介紹時提到冬天洞內會開一種特別殊勝的花，別處沒看過，只長在這裡。我和諾布仔細觀察洞內，然後自作聰明下結論：一因此地是聖地，二因冬天洞內比較溫暖，三因地面有肥沃的土質。

前一天在白馬神山，次多杰以藏語介紹蓮師修行洞時，說了聖地的藏名，諾布記在手機裡，告訴我等我能

上網時再用微信寄給我，結果還沒轉寄就被他不小心刪掉了，等我向他要藏名時，他一個字也想不起來。

返程又經過白馬神山，本想再找次多杰問，但不知他住哪，也沒看到任何一位村民。兩人商量半天，決定冠上地名，稱這聖地為「當巴祖瀑」。

自蓮師洞岩壁下方繞行往上爬，原來是有條小溪自頂端流下形成瀑布。

四川省
▼
甘孜藏族自治州
▼
石　渠　縣
▼
扎　嘉　寺

甘孜藏族自治州
扎嘉寺 ཛ་རྒྱལ་དགོན།

　　雅礱江流淌而過、如詩如畫的扎溪卡大草原，海拔 4200 公尺，位於距石渠縣城 50 多公里的長沙貢瑪鄉，這裡是受到蓮花生大士和眾多持明大成就者所特別加持的聖地。圍繞草原四周的山坡上有許多寺廟，草原中央則座落著世界最長的華智嘛呢石經牆，又稱巴格嘛呢石經牆（註 1）。

　　300 多年前，第一世華智仁波切（巴珠仁波切）巴格桑登彭措騎著騾子來到此地，騾子站住不動，仁波切聽到唱嘛呢咒的聲音，一個叫瑪尼才讓的刻石人出現在面前，手中拿著一塊刻有〈六字大明咒〉的石頭，問仁波切買不買？仁波切覺得徵兆吉祥，買下嘛呢石放置地上，就此開始了華智嘛呢石經牆的堆疊。至今牆體厚 2 ～ 3 公尺，高約 3 公尺，全長 1.7 公里，繞轉一圈 3.4 公里，約需 1 小時。

　　此嘛呢石經牆正對著《格薩爾王傳》中青藏高原七座著名神山之一的扎嘉神山，也成了扎嘉寺的標誌性建築。在離石經牆不遠處就設有「扎嘉寺及華智嘛呢石經牆為民眾刻經、誦經、祈福」的登記處。

註 1：參見作者 2019 年出版《觀音在西藏──遇見世間最美麗的佛菩薩》258 頁。

扎溪卡大草原海拔 4200 公尺，雅礱江流淌而過。

　　扎嘉寺首建於17世紀，到了西元1804年，由第一世如來芽尊者重建並擴大，開始傳授寧瑪派大圓滿龍欽心髓，傳給弟子第三世華智仁波切和蔣陽欽哲旺波等多位高僧，他們都獲得了殊勝成就，法脈傳承至今。

　　龍欽心髓法脈係由無垢光（龍欽繞降）尊者、智悲光（吉美林巴）尊者開創，智悲光尊者傳給兩位心子：第一世多智欽・晉美琛列沃薩和第一世如來芽・晉美嘉威紐固。後來，多智欽尊者主要在青海地區傳法並建立多智欽寺（參見本書078頁），

華智嘛呢石經牆雕繪蓮師為度化眾生而顯現的八種不同化身，稱為「蓮師八相」或「蓮師八變」。

如來芽尊者主要在四川地區傳法並建立扎嘉寺，成為龍欽心髓兩大祖庭。

當年第一世如來芽尊者受唐拉護法授記，到此重建扎嘉寺，許多高僧如第一世敦珠法王、佐欽法王、門巴大堪布等都曾在此修行傳法；全知米滂仁波切在扎嘉寺閉關5年，寫下澤被後世的諸多著作和儀軌；第三世多智欽仁波切年幼在扎嘉寺學習，親見本尊並受加持；近代大成就者托嘎如意寶11歲在扎嘉寺出家，47歲建立江瑪佛學院；第三世華智仁波切的弟子龍多丹比尼瑪最後的證悟地就在扎嘉寺……。

現有300多位僧眾的扎嘉寺，不僅有眾多大成就者在此修行及加持，也是三怙主的聖地：華智仁波切是文殊菩薩的化身，如來芽尊者是觀音菩薩的化身，若薩活佛是金剛手菩薩的化身，三位菩薩的化身一直代代轉世著。

　　如來芽尊者昔日閉關所在ཚ་མ་ལུང་།（察瑪隆）距扎嘉寺約20多公里，海拔4350公尺，主要是一片開闊的草坡地，該地本無水源，鄰近岩石區下方那條小溪，是如來芽尊者閉關時神變出來的。

　　往昔如來芽尊者閉關的簡陋小屋，位在舊佛塔後方，塔前方則是尊者講經說法的法座，法座旁有一長排嘛呢石經牆，中央供奉著蓮師腳印石。

　　整個察瑪隆由於受到蓮師及如來芽尊者的加持，是眾多修行者嚮往的閉關處，如今已興建了不少閉關房，提供修行者長期閉關（2019年我前往朝聖時有31位閉關者）。

第一世華智仁波切放置的第一塊嘛呢石，供奉在石經牆前端佛殿內。

龍欽心髓在四川康藏地區的祖庭——扎嘉寺。

歷代華智仁波切閉關洞（位於今日第五世華智仁波切住屋後方）。

如來芽尊者昔日閉關所在地察瑪隆，海拔 4350 公尺。

| 右
如來芽尊者昔日閉關的簡陋小屋位於此佛塔後方；佛塔前方則是尊者講經說法的法座。

| 左
察瑪隆嘛呢石經牆中央供奉著蓮師腳印石。

| 下
如來芽尊者法座旁有一長排嘛呢石經牆；圖左側岩石區下方的小溪，是尊者神變出來的水源。

四　川　省
▽
甘孜藏族自治州
▽
石　渠　縣
▽
洛　嶺　寺

甘孜藏族自治州
洛嶺寺 ནར་ཞིང་དགོན།

石渠縣起塢鄉洛嶺寺全稱「舊譯寧瑪洛嶺寺密乘灌頂講經院」，又有「尼瑪扎巴」之稱，現有200多位僧人。寺廟距縣城80公里，位於海拔4200公尺扎溪卡大草原旁的起塢金剛亥母神山之上，由被譽為「第二蓮師」的仁真欽波大師創建，已有200多年歷史。

尼瑪扎巴是寧瑪派蓮師日月星三種傳承之首的日傳承，歷代仁真欽波大師和尼瑪扎巴互為師徒，因此，洛嶺寺除了仁真欽波大師的伏藏傳承，還兼有尼瑪扎巴的殊勝法脈，被晉美彭措法王稱為除桑耶寺外，蓮師在世上的第二鄔金淨土，相當於漢地五台山和普陀山淨土，凡踏足這片土地的眾生均可獲得解脫。

200多年前，第一世仁真欽波大師誕生於扎溪卡草原，一出生就開口說話，並自取法名「阿康噶瑪赤列降措」，隨即要求當地寺院念誦各種經文，廣做佛事，為其之後的弘法事業順利奠基。5歲便會誦經及使用各法器。7歲時回憶起前世伏藏大師登欽任郎巴所交付今生開取伏藏的任務。

洛嶺寺每年召開蓮師祈願法會，很多僧侶都看到坐在高大法座上的仁真欽波大師化成蓮花生大士，大家欣喜地流下激動的眼淚！有一次法會，大師突然在掌中顯

自扎溪卡草原遠眺建在起塢金剛亥母神山的洛嶺寺全景。

第一世仁真欽波大師的石板畫像。

供奉在紅色殿堂後側山坡的仁真欽波大師腳印，由於大師和蓮師無二分別，所以也被稱為蓮師腳印。

現蓮師像，並飛出10支普巴金剛橛，圍繞大師形成金色光圈，大師吩咐大家立即圍繞寺院轉山一圈，回來後每人都可以得到10支金剛橛的加持。

待大家轉山回來，大師已以一人之力圓滿了法會，法座前樹立著10支莊嚴的金剛橛，大師為眾人加持後迴向法界眾生。至今部分金剛橛仍保存在寺內。

今日位於寺廟後方山坡高處的白色大經堂，即是遠近聞名的「蓮師經堂」，被視為與蓮師鄔金淨土無二分別，也是仁真欽波大師當年閉關10年之處。許多藏民長期持續繞轉蓮師經堂，據說繞轉一億遍後，各種病痛都會痊癒。

寺院老喇嘛們回憶年輕時在第四世仁真欽波大師座下參學，大師多次宣讀第一世大師的預言信，該預言是根據蓮師伏藏給的授記所作，清楚說明了當年康區獨腳鬼危害佛法與眾生，第一世仁真欽波大師以神通和願力，將其降伏並壓在「蓮師經堂」下，並詳細記述了後代經堂重建一事。

洛嶺寺不僅有蓮師當年用卡杖嘎取出的泉水，還珍藏著大量殊勝的佛像和法器，經堂牆壁中埋藏著各種伏藏聖物，還有仁真欽波大師用過的鈴杵、嗩吶、法帽、親繪的唐卡、常穿的氆衣、長期隨身的犀牛角、一世和二世仁真欽波的舍利塔……等，這些聖物都具有殊勝的加持力。

「蓮師經堂」正在整修中，昔日獨腳鬼就被鎮壓在下方。（Lu攝）

蓮師經堂二樓精美的蓮師與佛母塑像（兩旁尚未完工）。

閉關中心位於靠近神山頂的山坳，蓮師取出的泉水也位於那附近。

寺廟珍藏的所有殊勝聖物，全鎖在此座重新修建的殿堂內室。

自山坡俯視大殿、僧寮、百日閉關小屋及扎溪卡大草原雅礱河。

四川省
▼
甘孜藏族自治州
▼
白玉縣
▼
阿宗寺

甘孜藏族自治州
阿宗寺 ལ་འཛོམས་དགོན།

　　阿宗寺（或譯昂藏寺、安章寺、安宗寺、阿藏寺）全稱是「阿宗奧莎梯碓林」
（阿宗光明勝乘洲），是一座以弘傳大圓滿教法聞名遐邇的寧瑪派寺院，位於白玉縣
昌台鎮麻邛鄉境內，離白玉縣城146公里，自昌台鎮轉進鄉道，沿金沙江支流昌曲河
往上游走，約15公里即可抵達。寺廟建在海拔4500公尺的扎西東嘎崗（吉祥白螺山
崗）上。

　　阿宗寺始建於1742年，原係噶陀寺屬寺，在白·桑結扎西繼任寺主時，因其弟
兄5人名字都有扎西（意思是吉祥）二字，又都是轉世活佛，有人連呼：「阿察木
（意思是稀有）！真是阿宗布（意思是十全十美，齊全）！」之後大家便稱呼上師的房
子叫「阿宗」，這也是寺名的由來。

　　白·桑結扎西的轉世活佛仁增青波是位掘藏大師，曾擔任過德格土司的國師；
仁增青波的轉世即第一世阿宗珠巴活佛。由於歷代寺主都是修大圓滿法成就，所以迄
今阿宗寺一直以弘傳舊譯密乘大圓滿教法著稱。

　　蓮花生大士對阿宗珠巴誕生曾預言：「蓮花我與王、臣、伴七人，攝集瞻部地
之精華作寶藏，護藏者是地之神女叫丹瑪，取藏聖賢名中帶有一珠（藏語，意思為

阿宗寺空拍。（寺廟喇嘛提供）

第二世珠巴活佛挖掘的聖水，涓涓細流，終年不涸。

龍）字，此人名字帶珠又於珠（龍）年生……，住持我之修處聖地噶陀寺，佛教信眾福德廣大得增長。」

阿宗寺對面，隔著河谷有座冬熱（或譯洞繞）神山，是蓮花生大士身、語、意、功德、事業五聖地中的功德聖地，也是南贍部洲25座神山之一，埋藏著許多伏藏，山上有蓮師和耶謝措嘉修行過的山洞、第一世阿宗珠巴活佛取藏處等聖跡；山下昌曲河流淌，河床上留有格薩爾王的馬蹄印。

阿宗寺是白玉縣內唯一保存了原建築的寺廟，有一座已有兩百多年歷史的大經堂，由第一世甲色活佛久美多杰住世時主持興建，稱為「土登大經堂」，為藏式土木結構，分上下兩層，下層內部四壁裝飾巨幅壁畫，是上師傳法和僧眾誦經的場所；上層由陡木梯爬上，穿過一道古舊木造長廊，進入小經堂，內供奉第一世甲色活佛、第二世珠巴活佛的靈塔和第一世珠巴活佛的腳印石。還有一尊覺臥佛，據說是從拉薩地底挖出來再供養給甲色活佛的。

緊靠土登大經堂左邊，還有另一座經堂，底層是以第一世珠巴活佛當初興建的第一座經堂為基礎修建而成，寺廟喇嘛說第一世珠巴活佛就是在此殿內親見蓮花生大士。

佛學院旁邊的山坡建有第二世珠巴活佛的靈塔殿，黃色琉璃瓦覆頂，莊嚴肅穆，殿內正中是巨大的珠巴活佛靈塔，周圍牆壁繪有阿宗寺歷代上師像。不時有藏民繞轉靈塔殿，祈能獲得這位被喻為20世紀最偉大上師之一者的加持。

　　阿宗寺前面山坡，留有第一世甲色活佛和第二世珠巴活佛腳印的巨石，另外在山下昌曲河右岸靠近冬熱神山的地方，有塊留有第一世珠巴活佛腳印和手印的巨石，據說是他少年時從河對岸飛過來的落足處。此外，還有仁增青波腳印的巨石、自生度母岩等許多聖跡。

冬熱神山是蓮花生大士身、語、意、功德、事業五聖地中的功德聖地，埋藏有許多伏藏。

冬熱神山特寫，山上有許多聖跡和修行洞，蓮師洞位於圖左側，山坡坍塌難行。

右
藏式土木結構的土登大經堂已有 200 多年歷史
（目前正在整修）。

左
土登大經堂二樓古舊的木造長廊，走過就彷彿
穿越了時光隧道。

下
這座經堂底層是以第一世珠巴活佛興建的第一
座經堂為基礎而修建（目前正在整修）。

第一世珠巴活佛就在此殿內親見蓮花生大士。（中央蓮師塑像下方法照是第三世珠巴活佛）

四　川　省
▼
甘孜藏族自治州
▼
白　玉　縣
▼
達科烏金蓮師修行岩洞

甘孜藏族自治州
達科烏金蓮師修行岩洞 བདག་ཁོག་ཨོ་རྒྱན་པདྨའི་སྒྲུབ་ཕུག

　　達科烏金蓮師修行岩洞位於甘孜州白玉縣昌台區阿察鎮達科村，由相距不遠的寧瑪派達科寺管理。早在西藏佛教前弘期，這裡就是一塊修行靜地，蓮花生大士、毗盧遮那、玉扎寧波、拉隆貝吉多傑等無數大師都曾在此禪修。到了西藏佛教後弘期發展成禪林，先後有噶陀寺噶當巴德協、宗丹傑、祥巴崩等噶陀三聖、唐東傑布、龍薩寧波等無數高僧也都曾蒞臨和加持。格薩爾王大將嘉察和丹瑪也在此閉關過（官網記載蓮師腳印及伏藏處就在丹瑪閉關洞內，但因洞口加裝門鎖，有僧人長期閉關，無法進入）。

　　據說持明龍薩寧波大師因為緣起成熟，來到今日達科寺所在，看到這裡地形具有殊勝的特點，於是修建了四柱佛殿，並塑造了十萬佛像小塔，吩咐隨行們放置在寺院裡外。如今還能找到一些佛像小塔。

　　蓮師開示：「身之聖地真通郭若峰，語之聖地森欽蓮花岩，意之聖地達科空行谷，功德聖地濃繞繞智岩，事業聖地林牟蓮花峰，降臨無數勇士和空行。」

　　還有其他高僧大德也都授記，指出達科山谷既是三世諸佛加持過的莊嚴剎土，也是十萬持明空行聚會的地方。因此，除了寺廟官方以中藏文標註「烏金蓮師修行岩

前往達科空行窟蓮師洞途中遠眺亞青寺。

隔著河谷看達科寺。

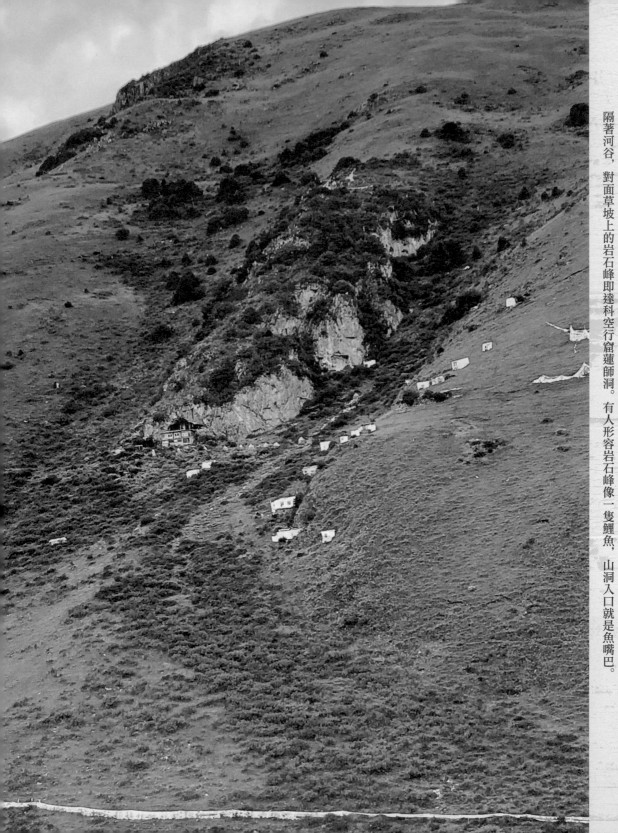

隔著河谷，對面草坡上的岩石峰即達科空行窟蓮師洞。有人形容岩石峰像一隻鯉魚，山洞入口就是魚嘴巴。

洞」外，也有人以「達科空行窟」稱呼蓮師閉關洞。

　　達科寺歷史上出現過很多大成就上師，而近代最著名的就是掘藏上師宗智仁波切，尊者是昌根阿瑞仁波切的根本上師，也是昌台地區極富盛名的上師。他曾於達科空行窟岩壁中掘取一尊蓮師見解脫聖像，極為珍貴。

　　達科寺的甘露粉遠近著名，是大活佛從蓮師洞取出的伏藏配方，成為達科寺獨有的秘密傳承，依照伏藏配方，再經由數十多位喇嘛閉關念咒加持27天製作而成，具有非常殊勝的加持力。

　　蓮師閉關洞距寺廟約1公里，蓮師曾在此修行7個月，最近代的記錄是亞青寺阿秋喇嘛和他的上師昌根阿瑞仁波切也都在此閉關過，加持力很大。（因此網路有人稱此洞為亞青蓮師洞，誤也）

　　蓮師閉關洞外圍有許多長期閉關小屋。閉關洞所在岩石峰的上方地面，據說是印度48成就者及蓮師25心子薈供跳金剛舞的地方，留下眾多足印。還有格薩爾王腳印和其坐騎腳印，嘉拉索南仁欽的手指印和拐杖印等。

　　蓮師閉關洞內有大成就者留下的手印和腳印、天然馬頭明王像、大威德金剛像、白度母像、天然屍陀林、紅褐色六字大明咒、形似豹的石頭及各種自顯的藏文字……等。

　　閉關洞入口左側壁面有相連的三個洞，環環相扣，洞中有洞，曲折黑暗，象徵中陰，又稱解脫洞，若能從洞的一頭進入，從最上面的洞鑽出去，可以消除罪障，死後不墮三惡道。

　　洞內還有不死持明甘露以及伏藏大師取出伏藏時留下的聖跡，伏藏大師在取出伏藏後大多就以神通或石頭將洞口封住，但此處有一個由噶陀智旺南卡嘉措掘取伏藏金剛鈴的遺跡仍清晰可見，是個很深的螺旋狀洞，據說他在取伏藏金剛鈴時，因侍者叫他，時間來不及了，就沒封住洞口。

從寺廟徒步前往蓮師洞，圖中所見即蓮師洞岩石峰一側。

蓮師洞岩石峰頂外面岩區，木牌以藏文標記此聖跡為「八十大成就者腳印」。

格薩爾王大將丹瑪修行洞，官網記載洞裡有蓮師腳印及伏藏處。

| 右
走側邊水泥階爬到洞內高處回望，中間三角石堆即壇城背面。

| 左
噶陀智旺南卡嘉措掘取伏藏金剛鈴的遺跡洞，呈螺旋狀往裡深入。

| 下
蓮師洞設有一壇城，供奉鍍金蓮師像。

解脱洞入口設有繩索供人拉扶，進入後洞中有洞。

手電筒一照，左側石壁像極一人上半身側面，眼鼻嘴清晰。

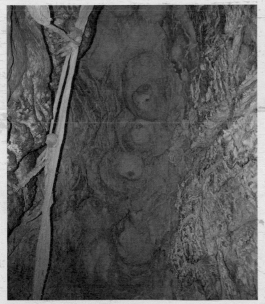

洞內壁面圖案無奇不有。

洞中有洞，以木梯連結，可爬上另一更高更深的洞。

朝聖
扎記

2018年8月包車朝聖，抵昌台鎮後，沿昌曲河開了一段，不久車道離開河流盤山而上，經過一處「牧民定居行動計劃」的新社區。沒多久，亞青寺遠遠出現在左側，之前去過3次都從正前門進出，這回首次以不同角度瀏覽。

續行4公里多，又路右拐往上看到達科寺山門，上書：「歡迎前來朝拜昌·達科寺二成就全集喜林永恒大樂州及三時諸佛意聖地烏金蓮師修行岩洞」。再走約8公里，達科寺和蓮師洞現身右側河谷對面山坡上，有人形容蓮師洞所在的岩石峰像一隻鯉魚，山洞入口就是魚的嘴巴。

咫尺天涯，車路又繞行近2公里才抵達寺廟大經堂，門牌寫有中藏文：打科寺 མདའ་ཁོ་དགོན།，不知為何和官網及寺廟山門寫的中藏文達科寺 བདའ་ཁོའ་དགོན། 不同。

舊大經堂正門鎖著，從側邊上了二樓，遇到一位老喇嘛，說明來意，

他引導我們進大殿頂禮，並講了一些相關故事，可惜載我去的師傅不太會翻譯，老喇嘛講長串，他只譯三兩句，還語焉不詳。

官網記載洞內有無數聖跡，我拜託喇嘛陪同前往講解，喇嘛說不用擔心，洞裡有常駐僧人會講解。

繞轉戶外蓮師大塑像後，往上爬，再沿山腰走，到了蓮師洞上方，地面到處是大大小小各式各樣的窟洞，根據網路資料記載是「印度48成就者及蓮師25心子薈供跳金剛舞，留下眾多足印」，但現場一旁立的藏文木牌寫的卻是「八十大成就者腳印」。

以蓮師洞為中心，從洞頂上方順時針下行，山坡上有許多閉關小屋，有些就像亞青寺的百日閉關箱（空間只容打坐）。我和師傅躡手躡腳經過，以免打擾閉關者。

來到崖壁下，緊貼壁崖有兩個山洞，但都被圍住，無法進入，門外寫著藏文，原來是格薩爾王二大將丹瑪

和嘉察的閉關修行洞，蓮師腳印及伏藏處就在丹瑪閉關洞裡，很想瞻仰頂禮，但有閉關行者，不能打擾。

繞行抵達蓮師閉關洞，正前方蓋了間小屋擋住，僅留一小門出入，推開虛掩的木門，我和師傅一進入，不約而同發出「啊」一聲，眼前是個超大山洞，洞口寬近10公尺，往裡略窄，但依然寬廣，洞高約數公尺，深度約數十公尺。

山洞前空地設有點燈房，正中央入口設有壇城，立了木牌：「達科寺三世諸佛法界，烏金黑日嘎剎土，其中聖跡多，佛像、咒字、手印、腳印等，為之介紹講解。願法輪常轉，三寶住世，大眾隨緣放生，功德無量。」

顯然有專人可介紹講解，但喊了半天，沒人現身，只好憑著網路上的聖跡圖片，慢慢對照辨認。

洞入口處兩側設有一小段石階，往裡便是陡斜而上的泥土混雜石頭，洞頂到處滴水，地面溼滑，我的手電筒電力微弱（忘了帶替換電池），兩人手機照相加照明，即將沒電，於是快速繞轉一圈，往外退回到明亮處。

資料記載洞內壁面有眾多琳琅滿目、天然顯現的圖案聖跡，但沒福報，光線又不足，根本分辨不出。

洞入口左側壁面有洞象徵中陰，又稱解脫洞，師傅沒意願鑽洞，我獨自拉繩爬上最前面第一個洞，鑽過只能側身而過的小洞，裡面空間豁然開闊，壁面紋路圖案千奇百怪，洞內另架了木梯連接上洞，我爬上後，前方又出現一個圓形窄洞，僅比人體稍大些，用手電筒往裡照，洞在中途拐了彎，照不到底，沒有繩索可拉，不知進入後狀況如何，有所顧慮於是退回。

資料說蓮師洞內有不死持明甘露，一定要喝，我和師傅找了半天分不清是哪處，決定把所有自洞頂滴下來的水都視為不死持明甘露，輪流用手接喝，還把頭伸到水滴下方，讓水灌頂加持。

四 川 省
▼
甘孜藏族自治州
▼
白 玉 縣
▼
遼 西 寺

甘孜藏族自治州
遼西寺 ཐྲོ་ཤུལ་དགོན།

　　遼西寺又稱遼西圓林寺，全稱是「遼西圓林遍知顯密講修法苑」，位於甘孜州白玉縣昌台區，相距阿宗寺20多公里，由大圓滿導師阿格旺波尊者（堪布阿瓊）所建，屬寧瑪派，其傳承中最重要的就是《龍欽心髓》。

　　根據記載，阿格旺波尊者小時侯，和妹妹到遼西圓林寺附近山上放羊，妹妹隱約看見似乎有規模很大的寺院，告訴哥哥，阿格旺波説：「這是將來此地會有大寺院的預兆！」後來果然應驗。

　　阿格旺波尊者30歲時，按照龍多喇嘛、阿旺丹孜和米滂仁波切三位大德的授記、吉祥天母的勸請以及大司徒仁波切的再三邀請，前往噶陀佛學院，擔任了13年的客座堪布，培養了許多能作利他事業的智者。

　　尊者下半生常駐遼西寺，為前來求法的佛弟子灌頂，傳予正法，特別是講授密乘大圓滿《龍欽心髓前行》和遍知大持明者無畏洲傳下來的口耳傳承的訣竅，並創建了遼西寺佛學院，培育僧才。

　　尊者圓寂前一個月，把弘法利眾之事交付給第二世紐修龍多仁波切，並賜給他蓮花帽、法鼓、鈴杵等所有紀念物，當眾宣佈他繼任法座主持寺院。後由夏札仁波切等大德迎請阿格旺波尊者的唯一真實化身——松吉澤仁仁波切，在遼西寺坐床。

停車場上方以師君三尊（蓮師、赤松德贊和寂護大師）迎客。

蓮師吉祥宮殿及僧寮區。

時局動盪時，遼西寺全部被摧毀。後來在松吉澤仁仁波切和第三世紐修龍多仁波切努力下，才得以重建，並修建了閉關禪修中心、覺姆寺，翻新佛學院、大經堂、建設大圓滿三身剎土等。

繞過僧眾寮房區往後山走，屹立著一座天然的銅色吉祥山岩壁，岩壁下方即閉關小屋區。所有聖跡都在這座岩壁上，許多大成就者們用手或足，在堅硬的岩石上留下神奇印跡。包括蓮花生大士的手印，阿格旺波尊者的手印及尊者用手中拿著的新鮮酥油寫下六字法界解脱，後來成了自然顯現的字體；用手指寫的藏文ㄅ哈字及用手指畫的大象，大象背上還駝著一個摩尼寶；沒依順序的〈蓮師心咒〉，還有天然自顯的各種花卉、各種藏文字等。

由於形形色色聖跡很多，需有熟悉聖跡的人帶路及講解，否則不易找到，也有可能看到了也認不出來，不知來龍去脈。

阿格旺波尊者荼毗紀念塔。

小山頭別稱銅色吉祥山，所有聖跡都在那裡；下方屋舍是閉關房。

|右
阿格旺波尊者手印（圖左淺白處）和他用手指寫的藏
文ㄽ哈字（靠右石堆上方黃褐處）。

|左
右上為蓮師手印；左側兩小印跡應也是聖跡，但無法
確認。

|下
岩壁上有許多〈六字大明咒〉，由阿格旺波尊者弟子
烏金仁津刻寫。

|上
覺姆區離阿格旺波尊者荼毗紀念塔不遠。

|右
天然自顯的 ཨ 阿字。

|左
阿格旺波尊者用手指畫的大象，大象背上駝著一個摩尼寶。

出發前收集資料，各種簡介無論稱遼西寺或遼西圓林寺，漢字都是寫「遼西」，等親自到了寺廟，才發現僧寮門牌以中藏文寫「ཇོ་ཤུལ། 遼西寺」。ཇོ་ཤུལ། 二字和「紐修」龍多仁波切藏文一樣，不知為何譯成不同的兩個字？

ཇོ་ཤུལ། 紐修之所以記憶清晰，源自昔日讀《普賢上師言教》，有段記載巴珠仁波切（華智仁波切）和紐修龍多（第一世）的互動，讓我印象深刻——

紐修龍多是近代最偉大的大圓滿傳承上師之一，曾跟隨巴珠仁波切學習佛法達十八年之久……。佐欽的夜晚清靜美麗，巴珠仁波切仰臥在地，他把紐修龍多叫來：

「你說你不懂心性，是嗎？」

「是，仁波切。」

「實際上沒有什麼好知道的。」巴珠仁波切淡淡地說：「我的孩子，過來躺在這裡。」

紐修龍多挨著他躺了下來。仁波切問：

「你看到天上的星星嗎？」

「看到了，仁波切。」

「你聽到佐欽寺的狗叫嗎？」

「聽到了，仁波切。」

「你聽到我正在對你講什麼嗎？」

「聽到了，仁波切。」

「好極了，大圓滿就是這樣，如此而已。」

就在那一刹那，紐修龍多豁然開悟了！他從染與淨、是與非的枷鎖中解脫了出來，體悟到本初的智慧，空性和本有覺察力的純然統一。

從那以後，只要看到巴珠仁波切和紐修龍多仁波切的名字，這個故事就會浮現，提醒自己打開眼睛、打開耳朵、打開心，不只看天上的星星，聽狗叫的聲音……，也專注於每一個當下正在經驗的事，包括再平凡不過的日常小事，洗碗、掃地、吃飯、喝茶、上廁所……。雖然自己缺乏慧根，沒多久又故態復萌，但我相信，即使斷斷續續，長此以往串習，總會瞥見一絲光亮～

甘孜藏族自治州
熱加寺 ར་ཆབ་དགོན།

　　熱加寺位於白玉縣熱加鄉亞通村，於1178年建寺，網路上熱加寺相關資料非常少，我會知道該寺，係看到藏文版《康區二十五聖地》一書記載位於海拔4000多公尺的熱加寺有蓮師腳印，還有蓮師用普巴杵打出來的聖跡。後來請教我上師傳承祖寺白玉寺（註1）一位我認識的堪布，才知道熱加寺是白玉寺的分寺。

　　熱加寺離白玉縣城60多公里，離開縣城沿金沙江畔白崗路北行26公里，向右拐進往噶陀寺（註2）的山路，前行7公里遇宗學寺（註3）與噶陀寺的叉路，左轉往宗學寺方向，路況變差，土石泥濘，落石掉落堆積，路面坑坑洞洞到處積水。原來這裡正在修築自白玉縣通往甘孜格薩爾機場的新路。

　　續行約30公里山路抵寺廟佛學院，海拔約3700公尺。佛學院後方坡地有座大型蓮師塑像，從蓮師塑像和格薩爾塑像之間階梯往上爬，便可抵達護法殿。在相距護法殿一小段階梯之處有塊巨石，壁面靠下方有一明顯的大腳印即蓮師腳印；壁面靠右側還有兩個小一點的腳印，據說是不知名高僧留下的。

註1：參見作者2018年出版《蓮師在西藏——大藏區蓮師聖地巡禮》208頁。
註2：參見作者2018年出版《蓮師在西藏——大藏區蓮師聖地巡禮》230頁。
註3：參見作者2018年出版《蓮師在西藏——大藏區蓮師聖地巡禮》215頁。

　　至於蓮師用普巴杵打出來
的聖跡，請教護法殿喇嘛，回
答很遠，而且被圍起來了，已
不能前往。

　　長久以來，熱加寺喇嘛
每天早上和下午都會在護法殿
連續唸誦幾小時《平安經》，
日日不斷，信眾只需供養一點
費用，寫下名字，他們就會幫
忙唸經迴向平安，由於加持力
強大，遠近聞名，不只本地甘
孜州及鄰近阿壩州的藏民都知
道，還有外地遠方藏民也知
道，都會專程前來請喇嘛唸誦
《平安經》。

　　女性不能進入護法殿，只
能站在門口將供養金及名字交
給喇嘛，喇嘛通常會回贈一包
熱加寺製作的驅邪妙香結緣。

｜左頁
自高處鳥瞰熱加寺全景。

大型蓮師塑像坐擁群山。

沿階梯上行，格薩爾王塑像威風凜凜，右上方建築即護法殿。

女性不能進入護法殿，只能站在門口將供養金及迴向名單交給喇嘛。

蓮師腳印（下方塗紅色處）：右側中央兩個小的腳印是不知名高僧留下的；上方一隻黃狗如如不動，有如聖跡守護者。

| 上
在護法殿結識松吉喇嘛，感謝他帶領參觀，還招待我和藏族司機到僧寮喝茶，並示範如何同時操作小、中型嘛呢輪。

| 右
供 20 多人同時使用的開放式茅坑，上廁所還可賞景，大開眼界。

| 左
另一塊岩壁土也有腳印，是建寺第一世竹透瑪尼仁欽活佛的腳印。

四 川 省
▼
甘孜藏族自治州
▼
色 達 縣
▼
珠 日 神 山

甘孜藏族自治州
珠日神山 མགོན་པོ་འབྲོང་རི།

珠日神山位於甘孜州色達縣，離縣城25公里，是蓮花生大士及毗盧遮那等無數大成就者親臨加持過的聖地，不僅是伏藏之門，還是瑪哈嘎拉（註1）護法神的居所。

另有傳說此山原本是一頭紫色的野犛牛，為尋覓一個美麗富饒的棲身地，從遙遠地方來到金馬草原，依照神靈囑咐，野犛牛一到金馬草原，瞬間化成珠日神山永駐於此。千百年來，色達人視珠日神山為保護神，朝拜著，祭祀著，成為精神力量的泉源。

自縣城前往珠日神山，會經過位在形如海螺的東嘎山上的東嘎寺，東嘎是藏語白色海螺的意思，寺院依山而建，因此得名，創建於1686年，是古色達十三寺之首，目前被列為色達三大寺之一。

東嘎山下即廣闊的金馬草原，遠處北方即聖地珠日神山。每年夏季，神山綠草如茵、漫山遍野開滿野花，藏曆6月6號這天，許多藏民都會穿上華麗的藏服，轉山、煙供、立經幡等，進行祈福。

註1：瑪哈嘎拉（Mahakala）是梵語，一般稱為「大黑天」，意譯為救怙主或護法神；珠日神山藏語叫「貢布珠日」，貢布即救怙的意思。

東嘎寺位在形如海螺的東嘎山，面對廣闊的金馬草原。

珠日神山全景。

多智欽寺官網記載：以傳承〈龍欽心髓〉法脈著稱，且在藏地示現很多神通的第一世多智欽仁波切，有一次朝聖珠日神山，當他想到珠日大山神會是什麼模樣時，眼前便現身一個面帶病容的紅眼人，站在白色和黑色煙幕中。這個紅眼人就是珠日大山神示現人相。仁波切問：

「你有何病？」

「不清淨的煙供使我受害生病。」

老覺姆坐在草地晒太陽（鐵絲網係為防止牛羊等動物進入）。

於是仁波切以密咒和手印加持，使其痊癒。珠日大山神被治癒後，授記仁波切去一處名叫「章欽森姆」的山岩，取出很多伏藏品。

目前在珠日神山下，建了座嶄新的珠日寺。在寺廟後側有一大片岩石區，據說法王如意寶昔日曾在此取過伏藏佛像。

請教一位正在草地上晒太陽的老覺姆，得知此處有不少老年的在家人，加上覺姆約60多位，另外還有分散在山坡小屋閉關的僧人，也約60多人。由類似百日閉關的小屋看來，這裡以寧瑪派為主。

珠日神山海拔將近5000公尺，依據記載，靠近山頂有很多形狀奇特的岩石絕壁，上面有各種難以解釋的天然圖案，形形色色的各種六字真言和歷代高僧大德的修行印跡，還有格薩爾王征戰四方的足跡和格薩爾王妃珠姆的背水桶。

珠日寺大殿建在崖壁下方。

| 右
朝聖當天，天空雲朵幻化，將山坡一列佛塔襯托得倍顯奇異。

| 左
伏藏印跡。

| 下
當地人說法王如意寶曾在這片崖壁取出過伏藏佛像。

由崖壁高處下望，L型建物是轉經輪迴廊，壁面繪有蓮師25弟子像。

山坡上分佈著許多閉關小屋。

朝聖珠日神山時，因緣不足，沒找到人帶我轉山，頗感遺憾。後來讀到色達喇榮五明佛學院索達吉堪布著《法王晉美彭措傳》法王如意寶和珠日神山的故事。相較法王的大遺憾，我的遺憾真是小如芥子！

未能開啟伏藏門——
如意寶法王晉美彭措的遺憾

「若一眾生未得度，我佛終宵有淚痕」，如意寶法王晉美彭措因未能開啟珠日神山之門廣利眾生，每言及此一慟如斯。

寧瑪派的伏藏有著特殊的奧妙，雖然上師這一生中開取過許多伏藏品，可是最主要的還是開珠日神山的伏藏門，這也是他今生最為重要的事業。因為：如果能夠順利地打開這一伏藏門，那麼就可以使成千上萬的人不捨肉身直接前往清淨剎土，並且還可以讓科學界人士等非佛教徒們親眼目睹具有實質性的佛教的奧秘。

關於這一點，蓮花生大士也在《幻化明鏡》中授記過，其中寫道：「今日降魔金剛您，未來龍年于新龍，開取伏藏除世難，他身雞年於東方，緣起未毀開伏藏，令諸濁世之眾生，不捨肉身至淨剎。」

伏藏大師覺性離垢金剛對此也授記說：「一旦色達珠日建寺院，五座雪山紅白花開時，彼將啟開十三伏藏門。」

要想將十三伏藏大門一一打開，首先必須從珠日神山伏藏門開始，如果珠日神山這一伏藏門未能開啟，其餘的伏藏門也就無法打開。

西元 1992 年（水猴年），法王如意寶要在十月十日開啟珠日神山伏藏門的消息很快傳遍四面八方，尤其已成為雪域當時的一大焦點，人們拭目以待。法王如意寶在稠人廣眾之中以堅毅的口吻說：「這次要開珠日神山伏藏門，關係重大，不可估量。如果能夠成功，將使無數眾生獲得殊勝成就。在一切因緣具足的情況下，我若不能打開此伏藏門，我可以在眾目睽睽之下像狗一樣爬著走，你們在猴年

猴月之前必須使一切緣起聚合，否則，我也無能為力。」

猶如一般上鎖的門需要用鑰匙打開一樣，要開啟這一伏藏門，必須先取出一把鑰匙伏藏品。它藏於一塊白色獅岩中。要從中取出這把鑰匙最主要的開拓道路等因緣。伏藏大師普賢日曾授記：「空行剎中法太子，勝士頂上如意寶（法王）前世夙願今成熟，手持十三伏藏門，需此吉祥之鑰匙。」此外，又指出：「在開取此吉祥伏藏門時，積聚眾因緣的過程中，有著魔之人製造違緣。」

在末法濁世的時代裡，魔眾十分倡狂，它們到處興妖作怪，特別是對於利眾的事業，更是千方百計阻礙設障。一夥鬼使神差的人，被魔王加持百般阻撓，毀壞緣起，致使緣起完全被破壞。儘管從拉薩到漢地許多有名望的大德、官員及以不可勝數的信眾全力以赴促成此事，但終未能

成功，人人都處於沉痛悲哀之中。

上師以回憶前世的方式流著淚對眾人說：「本來我想青年時代著重聞思修、中年時期弘法取伏藏，晚年之際開啟伏藏之門，令那些不信仰佛法，難調難化的眾生，尤其是科學工作者們現見清淨剎土，解除他們的疑惑，並使無數眾生不捨肉身飛行淨剎。昔日，我曾在蓮師面前發願要開取伏藏。可是濁世眾生的福報實在太淺薄了，以致於這麼殊勝的伏藏之門未能打開，想起來不能不令人痛心疾首，寢食不安。現在實在無法開啟，如果十三年後能夠具足因緣，也許還有一次機會。」

但後來因緣也未能具足，這一伏藏之門始終未能開啟，委實令人遺憾。最後法王發願：「今生未能打開此伏藏門，願來世能開啟。」

——索達吉堪布著《法王晉美彭措傳》

四 川 省
▼
甘孜藏族自治州
▼
雅 江 縣
▼
帕姆嶺神山

甘孜藏族自治州
帕姆嶺神山 ཕག་མོ་གནས་རི

甘孜州雅江縣因位於雅礱江畔而得名，雅江的藏語是「撚曲卡」，意指「河口」，自古這裡便是雅礱江重要渡口之一。

位於雅江縣八角樓鄉的帕姆嶺金剛亥母神山，距雅江縣城30多公里，海拔4100公尺，號稱是世界三大金剛亥母神山之一。相傳1000多年前，大成就者多吉帕姆在此地修金剛亥母法，證得本尊果位，一日以高大如野牛般的黑豬身形顯現，被山民看見，多吉帕姆告知「此處即金剛亥母神山」，因此得名「帕姆嶺」（藏語，帕姆即豬的意思）。

冬季積雪的帕姆嶺寺，如夢似幻。（寺廟喇嘛提供）

轉山正式起點：神山南門，一尊巨型金剛亥母像，背後供奉一塊上有金剛亥母自顯像的石頭。

靠近神山南門的樹上，掛滿朝聖者敬獻給神山的衣帽和飾品。

此地有賞鳥天堂之稱，四處可見藏馬雞安然而立。

血雉（別名血雞、松花雞或紅腳雞）在林中雪地漫步。

　　另傳說1000多年前神山被蓮花生大士加持過，蓮師以神通力乘著虹光，降伏怨鬼七兄弟，埋藏密續竅訣寶藏等18種伏藏，並立下誓言。之後毗盧遮那與玉扎寧波師徒蒞臨開山加持，並在此修行。

　　根據口傳所述，朝聖神山前需先到位於神山前方、被稱為神山聖門鑰匙的「達郭澤巴布隆巴」朝拜，但如今能認出該地的人少之又少。退而求其次，若無法至神山聖門取鑰匙，需在神山南門，也就是位於神山右側山腳的天然金剛亥母石像處叩拜祈請，再從那裡展開轉山之旅。

　　沿著轉山道一路可看到眾多天然生成的聖跡，數不清的相關佛身、語、意的奇石，顯現天然壇城、天葬台、金剛亥母像、蓮花生大士和其他大成就者留下的手印、腳印等。其中最具代表性的是六聖洞，象徵生處中陰洞、夢境中陰洞、禪定中陰洞、臨終中陰洞、法性中陰洞和投生中陰洞，寓意深遠。

　　以上這些是凡人肉眼就能看到的，此外，還有一些只有得道修行者才能看到的奇景，例如拂洲帕姆城、鄔金空行域等佛國淨土。

　　昔日，當地木雅加拉土司曾帶眷屬來朝拜，土司夫人傲慢對聖地不敬，結果被卡在「禪定中陰洞」，前進後退不得，土司著急下，拿斧頭砍

石壁，石壁竟然流出血來，整座山響起豬的嚎叫聲，土司和夫人見狀嚇到，臣服懺悔，發心修建寺廟，並命人從康定運來茶葉，當運茶馬隊抵達神山腳下，卡住的石壁自然開啟，夫人才得以脫身。之後，土司和夫人資助寺廟整修，並新建大殿及佛塔，佛塔被命名為「加拉佛塔」，至今仍屹立在寺廟一旁。

如今，帕姆嶺一帶已被規劃為生態旅遊區，森林中藏馬雞、血雉、松鼠、猴子等各種鳥獸動物，與人和諧相處。不僅佛教徒前來朝聖神山，一般遊客也慕名原始森林、賞鳥天堂而來。尤其是年中帕姆嶺寺召開盛大廟會時，熱鬧非凡；夏季帕姆嶺山區盛產松茸，自各地來採松茸的藏民更是摩肩擦踵。

金剛亥母神山充滿神奇力量。沿山頂小圈朝拜，有念誦〈觀音心咒〉1億遍的功德；沿山腰中圈朝拜，有念誦〈觀音心咒〉3億的功德；沿山腳大圈朝拜，有念誦〈觀音心咒〉13億的功德。每個藏曆吉祥日各地藏民都會來此朝聖，轉山圓滿後，身上一些疾病，特別是胃、肝、腎的疾病，大多會消除，非常神奇！

轉山道指標清楚，大多鋪了石階，我們轉山時是9月底，已下過幾場雪，有些路段結冰滑溜，但整體而言還算好走。前後走了兩個多小時，天氣跌宕起伏，一開始下雨，後漸放晴，出現藍天，沒多久雲層又起，復又下雪兩回……，最終雪過天青，吉祥圓滿！

天然吐寶獸。

天然大伏藏寶瓶。

天然佛陀腳印。

禪定中陰聖門洞細長狹窄，上半身很容易被卡住。

夢境中陰聖門洞低矮，需蹲下鑽爬才能通過。

轉神山途中遠眺帕姆嶺寺和加拉土司興建的佛塔；
圖中央土路是寺廟對外車道；右山嶺右側小路是轉山道。

離地面幾公尺高的耶謝措嘉佛母秘密修行洞，架有鐵梯方便爬上。

耶謝措嘉佛母腳印。

天成的大象。

繞絨扎波依神通安置的無垢八功德聖水。

蓮腳腳印，轉山時沒看到，可能因積雪蓋住錯過，只好翻攝寺廟出版的《帕姆嶺簡史》一書。

甘孜藏族自治州
扎嘎神山 ཐག་དཀར་གནས་རི།

　　代表蓮花生大師身、語、意之「意」的扎嘎神山，又稱扎格神山、扎呷神山、朗朗神山，位於甘孜州新龍縣雄龍西鄉，從G227公路（原省道217線）彎進往雄龍西鄉的鄉道，約25公里抵達。最早是苯教第一神山，後被蓮師降伏，成為佛教神山。山上有許多平常人難以到達的洞窟，都有高僧修行過，並留下印跡。

　　因傳說文殊菩薩、金剛手菩薩、觀世音菩薩、法王松贊干布祖孫三代、蓮花生大士等曾經蒞臨扎嘎神山，因此名揚藏區，成為康區蓮師三神山之首，屬相為豬。另二座為甘孜縣東廓神山（註1）代表蓮師之身，屬相為雞；爐霍縣瓦尼神山（參見本書295頁）代表蓮師之語，屬相為狗。

　　一千多年前，蓮花生大士和諸佛菩薩在授記中說：「深法交與王子，隱藏地極深秘，藏在朗朗神山，保護之護法為馬頭黑金剛，普及時間為末法時代，調伏暴惡剛強眾生均能成佛，掘寶人鄔金卡紐林巴」。

　　朗朗神山是扎嘎神山的別稱；卡紐林巴是白瑪鄧燈作為伏藏師的法號。

註1：參見作者2018年著作《蓮師在西藏——大藏區蓮師聖地巡禮》202頁。

自山谷村落仰望神山，山型如普巴橛，挺拔陡峻。依序往下是佛學院，寺廟區。

清晨燦爛的陽光照射在寺廟千佛殿屋頂，燿燿生輝。

轉神山途中回看佛學院，下方山谷即雄龍西溝（溝指山谷）。

轉神山一路有喇嘛嚮導，雲淡風輕，愜意無比，前後還有3隻狗相伴！

昔日洛嘎上師閉關房位於神山大崩崖下方。

蓮師曾在此存放伏藏，後世許多高僧在此取得伏藏品。例如喇榮五明佛學院法王如意寶晉美彭措，1985年在神山岩石上，以神變留下了手指印，隨後又毫無阻礙地飄然登上石山，掏出1個蓮師像及3個寶篋。在場100多人都目睹了過程。

　　扎嘎藏語意思是白色的山岩，嘎絨寺位於半山腰，創建者白瑪鄧燈大師是近代寧瑪派著名的大圓滿導師之一，也是噶陀十萬虹化成就者的最後1人。他於《伏藏教言》形容神山：「神奇贍洲雪域之東方，神密寬闊山谷兩崗間，一座晶瑩雪山入雲霄，白崖宛如劍城或天城，朗朗珍寶之頂享盛名。」

　　晉美彭措如意寶曾親口說朗朗神山是「康區僅有的山加持人，而非人加持山的兩個聖山之一」。山型如普巴橛，是天成的普巴金剛道場、賢劫千佛的道場。

　　白瑪鄧燈大師誕生於1816年，出生後便結金剛跏趺坐，口唸〈阿彌陀佛心咒〉3遍後說：「我乃蓮花生大士意化生。」出生6天，家人請上師來加持時，他做出種種金剛舞姿，並唸了7遍〈蓮師心咒〉。

　　自幼即特別慈悲，更顯示超人聰慧，梵文、藏文都精通。後來與父母一同朝聖扎嘎神山，休息時玩耍蹦跳，在石頭上留下小腳印，至今仍清晰可見。有一次去伯父喇嘛宮寶的寺院（即現在嘎絨寺）聽經，夢見諸空行母授記：「此處號稱賢劫佛法洲，奇妙吉祥圓滿無量殿，將建等同吉祥桑耶寺。」同時在他眼前清楚地出現寶殿——也就是尊者後來修建的嘎絨寺大殿。

　　尊者先後拜見大成就者白瑪久美桑杰及秋英讓卓處，上師將灌頂、傳承及修持毫無保留地教授給他，並都囑咐「若能於朗朗神山修持，將來定能成就圓滿，利益無量眾生。」

　　遵照上師囑咐，大師來到朗朗神山，在神山東面崖洞閉關實修自己所取的甚深伏藏《三身攝收精華竅訣法》（即尊者《大圓滿遍空自解伏藏》的一部分）共9年，前3年靠少量食物、飲水度日；中間3年僅靠少許丸藥度日，期間飛鳥銜來鮮花、蜜蜂送來蜂蜜，他現證了無礙神通，在山岩中通行自如；後3年幾乎不需食物，可在禪

神山左為觀世音菩薩，中為文殊菩薩，右為金剛手菩薩。斜坡上那條橫黑線係豎立的風馬旗，是條環繞山頂小內轉的山道，危險難行。圖中左下藍屋頂普巴殿，係依十三世達賴喇嘛指示蓋成。

定中度日。最後現證五智，安住本淨智慧中，也不需依附肉身，據説弟子有一次為他紮腰帶，攔腰繫結時撲了空。

白瑪鄧燈大師又依蓮師指示，帶領弟子到神山南面峭壁，一揮手，岩石自動打開，出現一個可容納十多人的山洞，自內取出三部經典及法器、佛像等伏藏。隨即又至另一峭壁，一揮手，又出現山洞，從中又取出伏藏。3年後，這兩個山洞在一聲雷響後消失無踪。

1883年4月30日，大師以利他事業即將圓滿，召集眾弟子開示後，要弟子將他住的帳篷門縫合，7天內不許任何人進入。之後，大地震動，天空佈滿彩虹光環，並傳來樂器敲擊聲，八方香氣彌漫。七天後，弟子打開帳篷，座墊上只留下頭髮、指甲和袈裟，大師已化為虹光而去。

嘎絨寺的傳承教法來自噶陀寺，寺中至今還保存噶陀寺歷代上師所賜的吉祥天母畫像等，以修大圓滿為主。從噶陀建寺至白瑪鄧燈時代前後700餘年，共出現十萬個獲得虹光身成就者，白瑪鄧燈恰好是第十萬個。

峭壁懸岩洞即金剛蓮師洞，洞下方壁面有自顯千手千眼觀音菩薩。

│上
轉山道需橫渡此片
碎石坡，每踩一步，
碎石就唏唏嘩嘩往
下滾。

│左
以長鏡頭拍攝的金
剛蓮師洞特寫。

│右
白瑪鄧燈手寫藏語
ཨ 阿字。

| 右
轉山結束下山，遇到一群下課的小喇嘛，活潑調皮。

| 左
白瑪鄧燈閉關洞外側加蓋了小屋，有行者閉關，無法進入朝聖。

| 下
白瑪鄧燈 7 歲時留下的腳印。

輾轉搭大巴及拼車，午後抵達新龍縣城，詢問幾位當地人，沒車往嘎絨寺，只能包車，但單趟被開價折算台幣約 2000，有點貴，真不想多花錢。

那要如何前往呢？到城外公路邊攔便車？徒步？

我坐在一間沒營業的店舖門前石階，一時之間不知如何是好。

正在傷腦筋，一位體格壯碩的藏族中年人走過，看我一眼，停步問：

「要去哪啊？」

「雄龍西鄉的嘎絨寺。」我苦笑回答。

沒想到他剛從雄龍西鄉來，補完貨就要返回，順道載我只收 60（台幣 200 多），我二話不說立即答應。

這位藏族中年人是位畫師，畫寺廟也畫民宅，他知道嘎絨寺活佛所達多杰和活佛大哥喇嘛尼哈，告訴我活佛目前在內地，他會送我到寺廟找喇嘛尼哈。

車上我好奇問他，怎會主動問我話？他說看到我獨自坐在階梯上一副苦惱模樣，一旁放著背包，看去不像一般遊客，猜測我應該是要去寺廟，便順口問問。

這麼說來，他也算是菩薩派來幫助我的善護助！

天黑才抵寺廟，海拔 3700 公尺，比縣城高 700 公尺。拜見喇嘛尼哈說明來意，喇嘛很親切，幫我安排了隔天轉山事，再叫侍者喇嘛帶我到空房休息。

空洞洞的房內，只有一張木床和堆在角落的卡墊，門關不緊，推到距 1 尺處就卡住。夜晚寂靜深沈，只有偶而傳來狗吠聲。

隔天 8 點半出發，我的體力令陪我轉山的兩位年輕喇嘛感到意外，他們說之前陪過內地弟子轉山，年紀比我輕但體能很差。

兩位喇嘛都是漢人，聽他們說寺裡還有許多漢籍僧人，我想不通這兒怎會有那麼多漢籍僧人？後來看到白

瑪鄧燈大師傳記，早在 19 世紀，大師就預言自己所取伏藏〈大圓滿遍空自解〉最應機現代社會，也和漢地最有緣，他說：

「不到 200 年的未來，將有漢人弟子來嘎絨寺幫助修建及學法，嘎絨寺所傳承的教法將傳到大海邊（指中國內地）。」

經過正在擴建的佛學院，海拔已過 4000 公尺。不久再經過海拔 4200 公尺的聖水，裝滿水壺後續行。先後經過昔日洛嘎上師閉關房、普巴殿，抵達有漢族喇嘛在長期閉關的小關房，該處海拔已高達 4350 公尺。

閉關的噶瑪喇嘛剛好中午休息，招待我們進屋，聊得很投機。他已在此閉關兩年多，我表示非常敬佩像他一樣的長期閉關者，說自己年過半百才學佛，已有俗世塵緣，否則也很想長期閉關。噶瑪喇嘛回答：

「每個人因緣不同，狀況不一樣，有人出家有人在家，都能修行。像你走訪聖地拍照寫書，讓人看了心生法喜，對修行更增信心，這也是一種法布施啊，有很大功德。」

他又強調：「加行很重要，是修法學佛的基礎。」

我說我幾年前就完成五加行了，他有點意外，接著說：

「外加行重要，內加行更重要，就是皈依、發心……。」

也提醒我皈依一位好上師、對上師對法有強烈信心等的重要性。

噶瑪喇嘛煮素麵請我們吃，同時把我們特地帶上山給他的餅乾和麻花捲，不斷丟給隨我們上山的 3 隻狗吃，兩位年輕喇嘛要他留著自己吃，別再丟給狗吃。他微笑著回答：

「我吃和狗吃，有什麼不一樣呢～」

語氣輕柔，卻挾帶巨大力道，這是真正的眾生平等，無二分別！

噶瑪喇嘛熟悉神山聖跡，指點我由他關房望過去，神山左為觀世音菩

薩，中為文殊菩薩，右為金剛手菩薩，合稱為三怙主聖山。並提醒：蓮師有一自顯像位在神山一側的蓮師銅色吉祥山之上（從他關房看不到），上下山都會經過。

返程我仍分辨不出在哪，兩位年輕喇嘛也不知道。我只好把所有我覺得特殊的岩壁都拍下來，下山再請問寺廟其他喇嘛。

呵呵，蓮師護佑，我拍到了！

蓮師自顯像（左側黃褐色岩壁處）。

四 川 省
▼
甘孜藏族自治州
▼
新 龍 縣
▼
阿 嘎 寺

甘孜藏族自治州
阿嘎寺 ཨ་དགར་དགོན།

　　阿嘎寺前身雅燈寺是新龍縣一帶最古早的寺廟，始建於距今1200年前的唐朝，屬神奇的伏藏寺廟，修建在海拔5000多公尺的高山上，從山下需要爬四個多小時才能到達寺院。

　　宋朝末年，江登喜饒降澤活佛（曾於西元1253年進京見元世祖忽必烈，在元世祖和百官面前示現不可思議的神通）看到雅燈寺山高路遠，僧眾的生活用品需花4個多小時從山下背上山，新龍信眾到寺廟也需徒步4個多小時，於是吩咐侄子江登多嘉活佛將雅燈寺往下遷移，並將寺廟更名為「阿嘎寺」，於12世紀末遷建完成。

　　建寺後直至19世紀中期，阿嘎寺處於興盛時期，期間大成就者多智欽仁波切的四大金剛弟子之一熱巴丹策多傑師徒曾親臨寺院，組織僧眾多達300多人研修《龍欽心髓》。之後大伏藏師綽日師徒也親臨寺院，在距寺廟不遠的山谷挖掘出許多伏藏經書，對經文進行殊勝儀軌時，出現了寶瓶流出甘露水、松鼠誦經等不可思議的徵兆。

　　19世紀中期，新龍土司布魯曼四處橫行霸道，將多數民眾趕出新龍，阿嘎寺僧人也大部份受到驅趕，輝煌數百年的阿嘎寺因而沒落，直到19世紀末才在一些信眾支持下進行修復，並在原來舊址重新建了一座小佛殿（即今日阿嘎寺舊寺主殿），自那以後，僧人和信眾日漸增多。

阿嘎寺舊寺只有一座大殿，兩旁是僧寮。

20世紀中葉破四舊年代，為了保護寺院，僧眾在阿嘎寺裡外堆滿曬乾的青稞苗，並在旁邊圈養牦牛，紅衛兵幾次前來查找，都未發現，阿嘎寺和寺中珍貴文物才得以保存下來。

也是在20世紀中葉，9歲的安江法王與晉美彭措法王同時被蔣揚欽哲旺波仁波切認證為轉世活佛。安江法王是大圓滿傳承的偉大上師，也是藏區近代稀有的精通大小五明之大成就者。10多年前，在安江活佛主持下，在海拔較低的銀龍村開始興建阿嘎寺（註1）新寺，由於經費艱難，進展緩慢，至今尚未全部完成。

據記載，阿嘎寺內珍藏有108尊蓮花生大師親自裝臟加持的佛像以及大量唐朝以來不同時期的鎏金銅佛像、金銀燈、純金藏經、木刻板藏經、唐卡、法器、轉經筒等珍貴文物。尤其舊寺壁畫美輪美奐，佛像有的神情優美，有的莊嚴肅穆，被視為佛教瑰寶。

註1：中國宗教局登記的寺廟名稱為「阿呷寺」；當地人則慣稱「阿嘎寺」。

壁畫四臂觀音立姿，神態優雅柔美。

| 右頁
大殿挑高，下為壇城，上方夾層位置供奉師君三尊（蓮花生大士、寂護大師和赤松德贊國王）。

莊嚴肅穆、雕塑精美的古老大佛像，藏身在大殿壇城後面的狹長空間。

八大供養天女局部。

還在建設中的阿嘎寺新寺大殿。

壁面往外凸的小空間，是藏東特有的廁所，乾燥通風。

大殿外牆和內殿之間有一口字型狹窄轉經道，轉經輪歷史悠久。

2019年6月首度朝聖阿嘎寺，從海拔3000公尺的新龍縣城搭出租車上山，約7公里後，左側叉路通往位於銀龍村的新寺（下寺），車續直行，爬升山道約6公里，抵位於阿呷村的舊寺（上寺），海拔3500多公尺。

抵達舊寺，一輛轎車剛好開出圍牆大門，兩車交錯時，我看到窗內有位年輕藏族喇嘛，趕緊出聲請他們留步。

車內另兩位漢人來自成都，特地自新寺載這位管理舊寺大殿的喇嘛來開鎖及講解。聽到我要參訪，笑著說：「你運氣真好，再晚一步我們載喇嘛離開，你就進不了大殿了。」

對耽誤他們行程我感到抱歉，他們回答：「沒事兒，殿內壁畫和佛像非常精美，值得再參觀一次。」

開鎖進入大殿，說是大殿其實一點也不大，禮佛後，喇嘛逐一介紹，壇城中央是釋迦牟尼佛，前排有吉美林巴、翁澤朗加和龍多活佛等的塑像，還有上一世安江活佛的黑白法照及這一世安江活佛的彩色法照。

仔細端詳兩側壁畫，老舊略顯淡糊，部份也剝落，但仍可看出昔日的輝煌，其中還以大面積繪製了蓮師被邀請入藏的整個過程，非常壯觀。

喇嘛帶我們從壇城旁的小門進入壇城正後方的細長空間，四周灰暗，只有隱約來自正殿的天光透入，拿出手電筒一照，莊嚴肅穆的古老佛像挾帶排山倒海力道翻湧而來，正面加高的法座上安立著巨大的長壽佛、釋迦牟尼佛和未來佛強巴佛，左右兩側分立八大菩薩和八供養天女，每一尊佛像雕塑精美，被立體雕鏤花卉所環繞。正對佛像的大壁面（即正殿壇城背牆）則彩繪千佛，另一側壁架還收藏著《大藏經》。

「請問蓮師裝臟加持的108尊佛像在哪裡呢？」

喇嘛聽我這樣問，一臉疑惑：

「是我們寺廟嗎？我不知道吧。」

「網路記載收藏在舊阿嘎寺。」

「這裡沒有啊！」

「會不會是搬到新寺了？」

「新寺也沒有啊，還在建設中。」

喇嘛肯定的語氣撥了我一頭冷水，抱憾下山。

返台整理照片時，才想到舊寺有頂層，沒上去參觀，難道蓮師裝臟加持的 108 尊佛像收藏在頂層？但喇嘛那麼肯定說沒有；如果不在舊寺，最大可能還是移到新寺了。

有點懊惱，當時沒請求參觀舊寺頂層，也沒往新寺追根究底。

2020 年 1 月，因要前往扎日擁康神山朝聖結冰的暗流，便順道再度前往阿嘎寺，搭出租車直接到新寺，偌大廣場沒一個紅袍身影，只有建築工人，等了一會，才終於有位喇嘛出現，

我趕緊向前：

「扎西德勒，請問可以拜見蓮師親自裝臟的 108 尊佛像嗎？」

「在舊寺。」有點冷淡的口氣。

「我去年去過舊寺，管鑰匙的喇嘛說沒有。」

喇嘛沒回答，腳步未停，逕自往前走，我邊追邊問：

「請問是在舊寺哪裡？那 108 尊是小佛像還是大佛像？」

喇嘛持續快步往前走，只丟下一句：

「在舊寺不在這裡！」

語音未落，已不見身影，留下悵然的我。

唉，和蓮師親自裝臟的 108 尊佛像，還真是無緣～

四　川　省
▼
甘孜藏族自治州
▼
新　龍　縣
▼
古魯誦忠瑪

甘孜藏族自治州
古魯誦忠瑪 གུ་ར་གསུང་ཆོན་མ།

新龍縣色威鄉古魯寺（註1）有尊特殊的蓮花生大士像，具有不可思議的加持力。如果親臨該寺，虔誠心達到一定境界時，他就會開口說話或出現很多吉兆。因此，在那一帶的藏民都稱其為「古魯誦忠瑪」（藏語，意思是會說話的蓮師）。

根據記載，西元12世紀時，新龍縣色威鄉伏藏大師邀請聞名藏區的白玉縣嘎陀寺大成就者來此講經，並加持神山。就在大成就者到來的那天，天空出現很多吉兆。當大成就者（註2）騎著座騎（一說馬一說騾）來到伏藏大師寢宮前時，座騎用蹄往一旁土坡踢了幾下，瞬間伏藏聖水流出，流量雖不大，但源源不絕，從古至今從未乾涸過。大成就者並開示此山具有無與倫比的靈性，為了使這聖地造福更多生靈，大成就者決定在此塑造一尊蓮花生大士的佛像。

註1：古魯寺也有人譯成格日寺，當地指路牌則寫成俄日寺。
註2：資料記載未提到大成就者姓名，另有一說伏藏聖水係由蓮師法子龍薩寧波尊者取出，蹄印由其座騎留下，但尊者是17世紀人，年代不符。

從停車場往下望，佛殿及白色佛塔籠罩在逐漸甦醒的晨光中。

會說話的蓮師像，昔日樸拙，如今無比金碧輝煌。佛龕兩側各有小洞，供信眾碰髑頂禮。

在塑造佛像過程中，出現了很多不可思議的吉兆。例如：在塑完佛像的框架時，佛像自己就顯露出了外貌。佛像開光加持日，天空出現彩虹，飄落各種花朵。佛像還開口說話：「我從這裡看不見珠姆宗（指新龍縣城）。」然後自己向右移動了位置，因此這尊蓮師像不在大殿正中央。

民間盛傳，在藏曆吉日良辰，只要懷著虔誠的心來朝拜，有緣者能看見並品嚐到佛像身上流出的甘露水；還能聽到佛像發出〈蓮師心咒〉的聲音。

在佛像的蓮花寶座下面，原本有一個「因果報應洞」。只要是罪孽深重的人將頭伸進去，洞口就會縮小卡住其頭，直到懺悔發誓未來不再作壞事，會多多行善積德，才能脫身。但由於某種緣故，目前因果報應洞已經不存在了。

伏藏聖水位於轉經道旁，涓滴細流，需要用手接一會才喝得到。一旁堆疊的岩石，有當年大成就者座騎留下的蹄印，還有寺廟早期一位高僧留下的腳印。

佛殿一層是個四方形環廊的嘛呢輪轉經道，許多人在繞轉，快慢由己。

| 上
嘛呢輪轉經道的中
央內殿，供奉法王
如意寶塑像，唯妙唯
肖。

| 右
右為 12 世紀大成就
者（一說 17 世紀龍
薩寧波尊者）座騎留
下的蹄印；左為寺廟
高僧留下的足印。

| 左
佛殿中掛了一幅彩繪
龍薩寧波尊者親塑的
蓮師如我像（塑像原
件收藏在噶陀寺）。

從古至今未曾乾涸過的伏藏聖水就位於轉經道旁邊。

2019 年 6 月朝聖阿嘎寺時，原也想朝聖色威鄉「格日寺會說話的蓮師像」，但資訊來自網路，只知寺名沒有地址，問了幾位開車師傅都不知道在何處。

2020 年 1 月再到新龍，路旁攔車前往阿嘎寺新寺，師傅是藏族佛教徒，一路聊得很投合，我順口問：

「聽說色威鄉格日寺有一尊會說話的蓮師像，您聽過嗎？」

「呵呵，我就是色威鄉人。格日寺？沒聽過，不過我們家鄉有尊蓮師像加持力很大，也說過話，位在靠山頂的一間小拉康（藏語，指佛殿），經常都有遠道而來的人在繞轉，但拉康沒名字，只是山腰大寺廟的附屬拉康而已。」

「山腰大寺廟叫什麼名字呢？」

「古魯貢巴。」師傅用藏語回答。

古魯是蓮師藏語名稱之一古魯仁波切的簡稱，我重覆發音，格日和古魯發音有點相近，難道會是藏語音譯成漢名造成的誤差嗎？我將翻拍自網路的「會說話蓮師像」圖片拿給師傅看，師傅一看笑開懷：

「對對！就是這尊！」

啊，真是踏破鐵鞋無覓處，得來全不費功夫。

隔天早上出發，離開新龍縣城走國道 227 約 10 多公里，右彎水泥路之形上坡，約過 3 公里遇叉路，立有木牌指引往右是「俄日寺」，藏文寫「ཀྱི་ར་དགོན」，啊，是師傅前一天說的古魯貢巴，但為何漢譯成俄日寺？請教師傅，他也不清楚。

取左道繼續上行，之後，只要出現叉路，都立有方向牌，上面寫著往「蓮師朝拜路」。

抵達海拔約 3500 公尺的一塊空地，已停了不少車，師傅說：

「到了，前面下方就是，那裡不好停車，我們從這兒走過去。」

下了車，居高臨下，看到佛殿及兩排白色佛塔就在下方，許多藏民以佛殿為中心順時針方向繞轉。

下坡加入行列，我用藏語主動打

招呼，他們神情有點意外（平常很少漢人來繞轉），師傅同時用藏語告訴他們我來的目的，大家紛紛熱情招呼，告訴我二層正殿9點才開門，先在一層繞轉吧！

邊轉邊與速度相同的阿佳喇（藏族對已婚女性的稱呼）聊天，她們是外地人，已來好幾天了，住在一旁的朝聖小屋，天天從早轉到晚。

「要轉多少圈才圓滿？」我好奇地問。

「一萬圈，才能滿願。」

一層是個四方形環廊的嘛呢輪轉經道，已經有很多人在繞轉，正面中央內殿設了壇城，法座上供奉法王如意寶塑像，栩栩如生。

9點整，管家阿卡（藏東對僧人稱呼）來開鎖，在殿外脫鞋時，我看到外牆貼了張藏文告示「不准拍照」，還好師傅認識管家阿卡，說明我來自台灣，正在撰寫有關蓮師聖地的書，阿卡因而准許我拍照。

三頂禮後，仔細端詳，蓮師塑像金碧輝煌，和網路照片不太一樣，阿卡說是同一尊沒錯，網路是舊照，後來寺方更新了蓮師法衣和壇城佈置。

據說昔日會說話的蓮師像曾自己移動了位置，所以偏向一側，但眼前看起來很正，請教阿卡，回答本來就這樣，沒移動過。我心想：莫非重新修繕時，遷就佛像位置，故意歪斜壇城和建築，達到負負得正效果？

話說回來，這其實也不太重要，民眾的信心來自蓮師的加持力，沒人在乎蓮師塑像坐正還坐偏。

阿卡說這裡由半山腰的古魯寺管理，平日常駐僧人只有2位。又說：「寺廟龍伽仁波切在你們台灣有中心，也有台灣弟子來朝聖過！」

返台上網搜尋龍迦仁波切訊息：2012年在台灣成立「中華寧瑪巴五明佛學會」；2015年報載「自尼泊爾來台弘法17年的龍迦仁波切，取得中華民國身分證」；2010年和2015年率領弟子朝聖新龍縣蓮師親自加持的道場烏金咕嚕寺，重新修繕……。

原來台灣中心稱烏金咕嚕寺，算一算，這間寺廟有4個不同的漢名！

甘孜藏族自治州
三怙主神山 ར་གསུམ་མགོན་པོ།

三怙主神山藏語稱為「日松貢布」，位於稻城縣日瓦鄉（又稱香格里拉鄉）亞丁村，屬於稻城亞丁風景區範圍，因此也有人稱其為「亞丁三怙主神山」。

在很多人眼中，美國經典原著小說拍成電影《失去的地平線》中描寫的神秘山谷香格里拉，就是今日的稻城亞丁，因此慕名而來的中外遊客多如牛毛。

這裡其實是藏傳佛教著名的聖地，8世紀時，蓮花生大士親自加持，並把3位本尊菩薩的名號賦予3座高山，包括北峰仙乃日，代表慈悲的觀世音菩薩，海拔6032公尺；南峰央邁勇，代表智慧的文殊菩薩，海拔5958公尺；東峰夏諾多吉，代表力量的金剛手菩薩，海拔5958公尺，合稱為「三怙主神山」。

另外，還有三座聖湖：珍珠海（又稱卓瑪拉措，意即度母湖，海拔4100公尺）、牛奶海（海拔4600公尺）和五色海（海拔4700公尺），三神山和三聖湖成為眾生累積福報之聖地，也成為景區內的主要景點。

景區內有座格魯派小寺廟沖古寺，距卓瑪拉措步程約半小時，海拔3900公尺。上世紀美國植物學家洛克在亞丁一帶考察時，曾停駐沖古寺，洛克後來撰文介紹稻城亞丁，在美國《國家地理雜誌》發表，世人為之驚艷。

央邁勇神山（文殊菩薩）是智慧的化身，雪峰像智慧之劍直指蒼穹。

一般相信，轉三怙主神山一次相當於念誦一億遍〈六字大明咒〉的功德，若因體力關係無法轉山，也可持續繞轉沖古寺，等同轉山功德。

　　轉山分為大轉、中轉、小轉，一般都採小轉，也就是圍繞仙乃日神山轉一圈，大約12小時可完成。每當神山本命年藏曆雞年時，因轉山功德倍增，大多數人都選擇大轉，約12天才能完成。

　　早期前往，完全靠徒步，後被規劃為風景區，積極建設，現今前往，需在遊客接待中心換乘景區觀光車進入，抵終點後徒步0.5公里即到沖古寺服務站，再從服務站徒步前往沖古寺和仙乃日神山、卓瑪拉措，也可買電瓶車票，搭往洛絨牧場（海拔4180公尺），觀賞夏諾多吉神山和央邁勇神山。

　　若要前往牛奶海和五色海，則只能徒步，一路爬升，約3、4小時路程，體力不好者也可向景區管理中心登記租馬，往返500人民幣（約台幣2000多），雖然不便宜，但騎乘遊客眾多，有時還一馬難求。

沖古寺海拔3900公尺，寺名意思是建在湖泊源頭的寺廟。

仙乃日神山（觀世音菩薩）整座山體莊嚴，是稻城縣第一高峰；
其冰川融雪形成下方湖泊「珍珠海」，藏語稱「卓瑪拉措」（度母海）。

夏諾多吉神山（金剛手菩薩）主峰為三菱錐狀，英姿雄偉。

牛奶海右山坡小徑即轉山道，2014年我前往時，立牌「禁止進入」。

五色海海拔約4600公尺，陽光照耀時，水面折射會產生奇幻色彩。

甘孜藏族自治州
八邦寺 ཤར་དཔལ་སྤུངས་ཐུབ་བསྟན་ཆོས་འཁོར་གླིང་།

八邦寺（或譯八蚌寺）全稱八邦聖教法輪寺，位於德格縣八邦鄉海拔3900公尺的山崗，離德格縣城93公里，係噶舉派三大主寺之一，也是噶瑪噶舉在康區最主要的寺廟。

八邦寺起源於西元1190年間，覺巴吉天頌恭（創立直貢噶舉派）心傳弟子巴登向秋林巴在康區創建的第一座直貢噶舉寺廟。傳說當年巴登向秋林巴雲遊至此，發現此地三山如象，環拱著河流，象徵「三象聚集，財富滙聚」吉兆，於是建寺住修，寺廟命名為向秋林，是當時康區直貢噶舉著名的祖寺。

八邦寺下方八邦村口，以佛塔嘛呢堆迎送過往行人。

八邦寺依坡勢修建金頂紅牆的主殿與褐白雙色的僧寮。

往下鳥瞰，八邦寺建在大象身體到頭部到象鼻部位，象鼻往下方河谷延伸，
與另兩山峰被喻為「三象戲水」。

站在八邦寺山坡往右望去，不遠處的奇峰峻岩即多吉扎寺後山。

13世紀末年，因教派紛爭被燒毀，重建後改宗薩迦派；明朝末年又因寺僧用火不慎引發火災，全寺被毀。之後一段時期，寺廟一度荒涼。

西元1727年，在德格土司資助下，由噶瑪噶舉派第八世司徒活佛卻吉迥乃主持重建及駐錫，取名「八邦聖教法輪寺」（藏語八邦的意思是「財富集中、人傑地靈」），改宗噶瑪噶舉，並設立了八邦五明佛學院。

之後經過歷代擴建，規模漸增，成為藏區僅次於楚布寺的第二大噶瑪噶舉法脈傳承中心。目前包括佛學院共有500多位僧人。

八邦寺座北朝南，背倚贊扎仁青札神山（註1），是蓮師於多康地區加持的25處聖地之一，寺廟依坡勢修建，整體建築錯落在大象身體到頭部到象鼻的位置，空間佈局參差有層次，金頂紅牆的主殿與褐白二色的僧寮交織，巍峨壯觀。

這裡是許多著名祖古傳承的法座所在地，包括著名的大司徒仁波切、貝魯欽哲仁波切、蔣貢康楚仁波切等。寺廟與噶瑪巴之間也有緊密的連繫，第十六世噶瑪巴就是先在八邦寺完成坐床儀式，才前往楚布寺。

昔日，第一世蔣貢康楚仁波切在寺廟後山建立了贊扎仁青札閉關中心後，與秋吉林巴、蔣揚欽哲旺波等共同推行藏傳佛教史上影響最深遠的利美（不分教派）運動。因此，贊扎仁青札閉關中心不同於其他閉關中心只修單一教派的教法，而是以香巴噶舉教法為主，同時兼修藏傳佛教八大教派教法。

2019年我前往朝聖時，贊扎仁青札閉關中心有40位喇嘛在進行3年3個月的閉關，指導上師是喇嘛亞杰，他於2011年受第十二世大司徒仁波切和第四世蔣貢康楚仁波切指派，自印度返回八邦寺，在那之前他於印度修行達24年，曾圓滿多達4次的3年3個月閉關。

註1：在八邦鄉街上用餐時，藏族老闆聽到我來朝聖蓮師聖地，熱心秀出一本朝聖贊扎仁青札神山的藏文書，圖文並茂，原來八邦寺和多吉扎寺的後山都屬贊扎仁青札神山一部份，大轉山朝聖時，沿途可看到眾多聖跡。

翻過八邦寺後山稜線，贊扎仁青札閉關中心就隱藏在另一側。

行至最高處，可清楚看到左下八邦寺與右上多吉扎寺，隔著峰巒與山谷相得益彰。

280

位在稜線上的蓮師腳印（木牌右側塗紅色處），海拔超過4000公尺。

蓮師法座位置放置了長木板，供信眾做大禮拜。

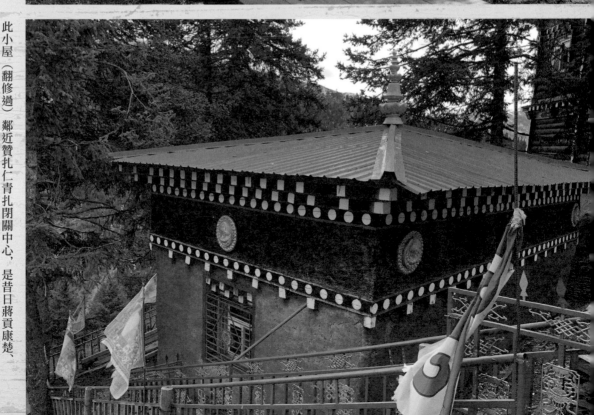

此小屋（翻修過）鄰近贊扎仁青扎閉關中心，是昔日蔣貢康楚、蔣揚欽哲和秋吉林巴三位大師寫伏藏法之處。

四 川 省
▼
甘孜藏族自治州
▼
德 格 縣
▼
多 吉 扎 寺

甘孜藏族自治州

多吉扎寺 ཁམས་རྡོ་རྗེ་བྲག་བཤད་སྒྲུབ་དར་རྒྱས་གླིང་།

多吉扎寺（或稱多扎寺）全稱「康藏多吉扎寺講修興盛洲」，位於德格縣八邦鄉梅林村，海拔4100公尺，距德格縣城90多公里，距八邦鄉政府5公里，目前有60多位喇嘛，其中20多位正在進行3年3個月閉關。

歷史上，米滂仁波切、華智仁波切、大司徒仁波切、宗薩蔣揚欽哲仁波切等高僧都曾來此地修行。若自空中鳥瞰，寺廟所在的山脈，依海拔從高到低排列有三座大寺廟，分別是寧瑪派多吉扎寺，噶舉派八邦寺和薩迦派白雅寺。

多吉扎寺因寺廟背後有一個拔地而起、形狀特殊的巨岩而命名，藏語「多吉」的意思是金剛杵，「扎」指山岩、大石。在整個大藏區共有上、中、下三個多吉寺，上指位於西藏山南的多吉扎寺；中即本寺；下指位於四川甘孜州康定市的金剛寺。

多吉扎寺始建於西元1126年，當時德格土司為了平息藏區（尤其是德格地方）的疾病、饑渴、戰亂等一切災難，從衛藏地區迎請多扎上師（即第一世伍巴活佛）和大智者格桑尼謝，在距今寺院3公里處創建寺廟。數百年後，西藏山南多吉扎寺（寧瑪派六大主寺之一）寺主仁增阿格旺布派弟子將寺廟遷至山頂，並加以擴建，成為傳承北伏藏法的重要寺廟。

初訪時為冬末，草木枯黃，又逢下雪，寺廟不見一人，鎩羽而歸。
再訪時為春季，綠意盎然，且因緣具足，有位喇嘛帶路朝聖蓮師洞。

多吉扎寺第一世活佛腳印（圖中左下角）。

　　北伏藏傳承的始祖是14世紀的仁增袞頓，他是蓮花生大士殊勝三化身之一的伏藏大師，曾在桑桑拉扎山岩（位今西藏日喀則市昂仁縣桑桑鎮）發掘出以《大圓滿普賢密意通徹》為主的伏藏500多種。五世達賴喇嘛對此教法十分重視，親修並撰著相關論文，大成就者唐東傑波也是修此密法而獲得即身成就。

　　多吉扎寺珍藏了許多珍貴法寶，包括蓮師用過的金剛杵等。寺廟附近並有眾多聖跡，有蓮花生大士閉關修行三個月的山洞，洞內岩壁上自然顯現蓮師身形（要從特定角度看，才明顯）；岩壁頂部還有一暗色凸出如乳房狀的石頭，不斷流出甘露水。

　　此外還有蓮師八變聖跡、蓮師腳印、蓮師所騎之虎的爪印、寺廟前幾世活佛的腳印、自然顯現的藏文ཨ阿字、金剛杵等。

紅色閉關小屋上方風馬旗處即蓮師閉關洞。

蓮師閉關洞內自然顯現的蓮師身形。

| 上
樹梯不夠長，爬完
還需徒手爬上一小
段陡滑岩壁。

| 左
蓮師閉關洞位於陡
峭岩壁高處，需先
爬一段以樹幹挖出
踏腳點的樹梯。

| 右
帶路的年輕喇嘛甫
出家，不知蓮師手
印在哪，此圖取自
官網。

四川省 ▼ 甘孜藏族自治州 ▼ 德格縣 ▼ 嘉絨寺

甘孜藏族自治州
嘉絨寺 རྒྱལ་རོང་དགོན་ངེས་དོན་ནམ་རྒྱལ་གླིང་།

嘉絨寺全名「嘉絨寺了義不滅洲」，因為寺院旁邊有座山叫嘉絨山而命名嘉絨寺，位於德格縣窩公鄉拉絨村，最早是由第一世嘉絨翁智白瑪根卓南嘉創建的閉關院，遠離塵囂清幽寧靜，後由嘉絨朗智仁波切駐錫寺廟弘揚大圓滿傳承的殊勝法門，逐漸成為寧瑪派重要寺院，目前有僧眾200餘人。

嘉絨寺現在有兩處閉關院都叫亞龍閉關院，一處建在離寺廟不遠的一座神山懸崖邊，一處建在川藏公路雀兒山下玉隆拉措聖湖（舊稱新路海）附近。

根據記載，本師金剛持曾在蓮師25大聖地分別講授密咒續部諸論，嘉絨寺亞龍閉關院的位置即其中之一處聖地。據説這裡的鳥會發出「烏金欽」（藏語，意思是蓮師知）的鳴叫聲，聞者莫不生出無限信心。

嘉絨寺亞龍閉關院所在的神山，有蓮花生大士及心子毗盧遮那和玉扎寧波的修行洞，具有無比殊勝的加持力，在這裡修行1個月的功效等同在其他地方修行1年。離修行洞不遠的地方，有一塊三角形狀的岩石，頂部有毗盧遮那留下的腳印痕跡。在拱形山洞的交界處，還有甘露水從岩石縫隙涓滴而出，聚集在岩石凹陷處，積之不盈。

由於是蓮師加持過的大聖地，此水具有非常大的加持力，能消除病障，延年益壽。亞龍閉關院目前有20多位修行人進行長期閉關，全部取用這甘露水，用之不竭。

除此，亞龍閉關院所在的神山上還有馬頭明王洞、蓮師腳印、自生蓮師像和密勒日巴像、嘉絨朗智仁波切前幾世留下的手印腳印……等。

　　面對嘉絨寺站立，寺廟右邊山上高處有耶謝措嘉的修行洞，洞裡有一種銅紅色的泥土，具有非常殊勝的加持力，自古至今都被視為藏藥，可用來治病。

　　寺廟對面山上建有瑪哈嘎拉佛塔，由17世紀第二世嘉絨朗智・朗卡策翁卻珠仁波切建造，當時仁波切觀察到：若能在蓮師曾加持過的聖地神山建造一座瑪哈嘎拉護法佛塔，對眾生將有巨大利益，因而修建，內有舍利和法器伏藏物等眾多殊勝加持物。前幾年嘉絨翁智仁波切在瑪哈嘎拉佛塔外邊修建了方塔，最外圍周邊並堆疊了嘛呢石。只要誠心繞轉2500圈即可滿願！

省道Ｓ２１７彎進往窩公鄉的鄉道，寺廟山門在陽光下燿燿生輝。

從山門往裡10多公里，便可看到位於高坡上的嘉絨寺。

｜右
數百年的悠久歷史，隨處展現。

｜左
亞龍閉關院就位在山頂，怕打擾閉關者，未爬上。

｜下
耶謝措嘉的修行洞位於遠處高山上，路遙難行。

| 右
偶遇一位嘉絨寺喇嘛，熱心提供他拍攝的閉關院照片。
（且呷喇嘛攝）

| 左
亞龍閉關院岩壁上的蓮師腳印。（且呷喇嘛攝）

| 下
隔著河谷對面山壁有蓮師另一腳印。（且呷喇嘛攝）

甘孜藏族自治州
瓦尼神山 ཝཉགནས་གནས་རི།

　　遠近聞名的康區蓮師三神山，分別是甘孜縣奶龍神山（註1）代表蓮師之身，屬相為雞；爐霍縣瓦尼神山代表蓮師之語，屬相為狗；新龍縣扎嘎神山（參見本書237頁）代表蓮師之意，屬相為豬。

　　瓦尼神山位於爐霍縣自然保護區易日溝境內的洛秋村，離303縣道約20公里，是文殊菩薩、觀音菩薩、金剛手菩薩三座神山的合稱，而有著800多年歷史的古老寺院玲瓏寺（另名瓦尼鄔金禪定法洲），就座落在三座神山之間，目前住持是曾任喇榮五明佛學院副院長的秋吉尼瑪活佛（前世是列繞林巴最大的心子慈城桑波），有400多位僧人。

　　蓮花生大士、大圓滿傳承上師毗瑪拉米扎及密勒日巴尊者等都曾在此閉關修行，蓮師並親自用身、語、意、功德、事業加持三座神山，使其成為通往鄔金剎土之門。很多著名上師也都曾到此朝聖及取伏藏，包括當代著名高僧阿秋喇嘛和法王如意寶晉美彭措。

註1：又稱東廓神山，參見作者2018年出版《蓮師在西藏——大藏區蓮師聖地巡禮》202頁。

東面是文殊神山，山上有天然形成的文殊咒，可以開啟智慧。文殊神山旁邊是金剛手神山，昔日山頂有一尊60公分天然形成的金剛手石像，但已遭破壞。與這兩座聖山相對的是觀音神山，蓮師就是在觀音神山的洞穴閉關修行，山中還有佛母耶謝措嘉閉關修行洞以及馬頭明王洞。

當年蓮花生大士在此閉關的修行洞又稱蓮師銅色吉祥剎土，據說每個月藏曆初十，具信者和有緣者能聽見洞內傳出奇妙的誦經聲及天鼓聲。此洞附近有一蓮師加持過的泉水，在吉祥的日子裡，泉水呈現奶白色，飲用具有大加持。

蓮師洞的入口看似很大，但一進入就有一低矮岩壁擋在前方，必須彎腰才能續行，裡面分成上下兩洞，中間有另一狹窄空隙通到外側壁崖，自然天光自窄隙灑下。上下兩洞間有通道相連。下洞較大可以站直身，往上洞走時，需先爬過一段懸空木梯，上洞狹窄，最深處空間剛好擺放卡墊，供人打坐，玲瓏寺的僧人會輪流來此靜坐或閉關。用手電筒往四周岩壁照射，可看到各種印跡，其中有些是過去伏藏大師掘藏遺跡。

法王如意寶多次加持神山，在觀音神山掘取伏藏後，石壁上自然顯現「嗡啊吽」藏文字，也在馬頭明王洞中掘取伏藏。並在入定片刻後寫下空行文字，依文

進入玲瓏寺腹地，首先看到的是新建的達那果夏湖蓮師塑像。

玲瓏寺位於易日溝內，被文殊菩薩、觀音菩薩、金剛手菩薩三神山環繞。

字內容指示10個生肖屬虎的女孩和男孩，去金剛手神山尋找（法王加持後才出現的）古老山洞，法王明確指出山洞位在一塊宛如心臟形狀岩石的三分之一處，岩石位在一片平如鏡面的草坪中央，岩石四周及洞口長有許多樹，後來果真找到了，被稱為「億萬空行母洞」，洞裡有自然佛像，諸空行手印、經典、佛塔等。

　　據傳，法王如意寶轉山前懷前平坦，下山時懷前鼓凸（掘取了伏藏）。第二天清早，法王和寺主活佛交談時卻説：「你們的神山護法真的是很厲害呀，我昨天在山裡取得的東西，都被神山護法取走了，幾乎沒剩下什麼，呵呵！」

過河即觀音神山，圖右側風馬旗山岩即蓮師修行洞（下）和馬頭明王洞（上）所在。

與達那果夏湖相鄰的曼扎佛塔，由 108 座小佛塔組成。

蓮師修行洞入口，一進入就被低矮岩壁擋住，　　馬頭明王洞。
必須彎腰半蹲而行。

佛母耶謝措嘉修行洞，加築木門，若有人在內閉關會關門，免受打擾。

佛母耶謝措嘉修行洞內一隅。

|右
繞轉觀音神山途中，會經過一道天然聖水。

|左
從觀音神山法王如意寶曾休息之處，望向金剛手神山
「億萬空行母洞」。

|下
觀音神山上的長期閉關房，自顯〈觀音心咒〉聖跡就
在左側山坡頂上。

朝聖玲瓏寺瓦尼神山，前後去了三回才成功，前兩回我人都已到了爐霍縣城，卻受阻於一些因素無法進入易日溝。

2016年蓮師本命年5月三度前往，搭大巴到爐霍已晚，就近找了家旅館，登記入住時，請教櫃枱玲瓏寺訊息，沒想到藏族女服務員的親戚就在玲瓏寺出家，一旁她母親聽到我要去朝聖，不認識任何人，主動說可以介紹僧人親戚幫我，我喜出望外。後來發現那位僧人親戚還位居要職，是玲瓏寺當年度的財務管家！

他們肯定是佛菩薩憐憫我多次鎩而不捨，派來協助我的善護助。

寺廟對外聯絡道正在修路，最後2公里下車步行。近中午抵玲瓏寺「佛事收費處」，和年近半百的尼瑪喇嘛碰面，他親自炒素菜作飯請我和師傅吃，並親切閒話家常，飯後帶我們參觀蓮師閉關修行洞和馬頭明王洞。

在蓮師閉關修行洞時發生奇怪的事，上洞很暗，用手電筒照射，洞內壁面全是各種自然顯現的奇妙圖案，最裡側還有蓮師的石法座，我想拍照，打開相機閃光燈模式，按下快門，閃光燈沒閃，重拍，一樣，再重拍，也一樣。我一念閃過：難道是蓮師不讓我拍？

晚上在旅館整理照片，想到有另一可能。閃光燈模式是由相機自動偵測光線，光線不足，閃光燈才會閃。那麼，難道是相機偵測到洞內光線足，所以未閃？莫非洞內有諸佛菩薩顯現的光，只是我們凡人肉眼看不到？

因時間不夠，第一回沒轉山，尼瑪喇嘛力邀我隔年道路修好再來一趟。

2017年春夏之際，依約前往，搭大巴到易日溝口下車，喇嘛開著一部破舊小車出溝接我。圓滿轉完觀音神山，還朝聖了耶謝措嘉閉關修行洞，隔天還連同他妹婿和妹妹，一起前往甘孜縣朝聖東廓神山。

2018年藏曆土狗年是瓦尼神山本

命年，轉山功德千億倍增，喇嘛盛情邀我再去轉山。於是 3 月中旬專程前往，沒想到才抵康定檢查哨，就因台胞身份受阻，被勒令立刻離開甘孜州。以往 3 月只限制台灣人進入西藏自治區，其他地方可自由行走，沒想到政策又改。

同年 11 月我又前往甘孜州，朝聖了幾處蓮師聖地後，打算轉往玲瓏寺轉山，剛抵達爐霍縣城，喇嘛告知易日溝內已下過幾場雪，路面結冰，他的破舊小車無法開出溝口接我，叫我改包車。

考量一個人包車兩天，所費不貲，不得已打消念頭，過門不入。

2019 年 9 月七度前往，兩位香港師兄姐同行。第一回我來時尼瑪喇嘛是帳務管家，這年變成庶務管家，忙裡忙外不得閒。他先帶我們到僧寮放行李，介紹如何用他廚房鍋具煮三餐，然後把門鑰匙交給我，說只能陪我們走一趟觀音神山，其它需全自助。

本想繞轉三座神山，但喇嘛說文殊神山和金剛手神山太遠了。去年神山本命年，共有 10000 多信眾隨秋吉尼瑪活佛繞轉三座神山，前後花了 14 天，沿途都住帳篷。

轉觀音神山途中，喇嘛再度講說當年法王如意寶來轉神山的經過。當時他未滿 20 歲，吹奏鎖吶引導朝聖隊伍，親眼看到法王在蓮師洞將手伸入洞內岩壁，取出伏藏，立即用哈達包裹放進懷中。

我們走到蓮師洞，因下雨積水，地面溼滑，泥濘難行，間雜有壁面小石塊滾落，喇嘛顧慮安全，才走一小段就要我們撤退，我們只得站在原地用長鏡頭拍攝下洞，放棄上洞退出。

朝聖馬頭明王洞後，登上稜線，坐在當年法王休息的位置，喇嘛開始敘述法王指示 10 個生肖屬虎女孩和男孩去斜對面金剛手神山尋找古老山洞的過程。講完了，又繼續娓娓道來法王其他殊勝的種種事蹟。

眼前當下，隔著河谷眺望金剛手神山，億萬空行母洞隱約可見。夕陽柔和，晚風輕拂，天地間寧謐安祥，雖沒福報親見法王如意寶，但當下彷彿法王就坐在身旁～

以長鏡頭拍攝的蓮師洞下洞，因下雨及雪水滲入，泥濘溼滑。

北

雲南省
蓮師聖地 MAP

❸ 卡瓦格博神山
❷ 指雲寺
❶ 金剛亥母靈洞

西藏自治區

四川省

緬甸

❸ 迪慶藏族
自治州

昭通市

怒江
傈僳族
自治州

❷ ❶ 麗江市

貴州省

大理白族
自治州

楚雄彝族
自治州

◉ 昆明市

曲靖市

保山市

德宏
傣族景頗族
自治州

臨滄市

玉溪市

文山
壯族苗族自治州

普洱市

紅河
哈尼族彝族
自治州

西雙版納傣族
自治州

第五章
雲南省

麗江市
金剛亥母靈洞 རྡོ་རྗེ་ཕག་མོའི་སྒྲུབ་ཕུག

　　金剛亥母靈洞位於麗江市西南方約8公里的文筆山半山腰，海拔2800多公尺，別稱「南瞻部洲第一靈洞」，是蓮師授記的南瞻部洲24靈洞之首，也是蓮師授記的25聖地之一。

　　文筆山海拔高約3465公尺，被當地納西族稱為「撫魯納」（意思是黑色的銀石山），與被稱為「撫魯葩」（意思是白色的銀石山）的玉龍雪山遙相呼應，同為當地極富盛名的神山。

　　為什麼文筆山被稱為黑色的銀石山？因為整座山體植被濃郁，原始森林茂盛，遠望呈墨綠近似黑色；且這些天然植被非常寶貴，有如貴重的銀金屬，因此稱為黑色的銀石山。

　　金剛亥母靈洞位在半山腰，從文筆山腳還要走盤山車道迂迴上山，約10公里可抵達，半路會經過噶瑪噶舉傳承的文峰寺。

靈洞一帶建有蓮師殿、大小靈洞殿、噶瑪噶舉3年3月3日閉關中心、各種禪修培訓及短期閉關蘭若等，由文峰寺管理。靈洞平日關閉，只有每年藏曆6月（西曆約8月）的傳統法會時，才向信眾開放7天。

靈洞口朝東，洞內有清泉，傳說是上樂金剛與金剛亥母嬉戲之地。第八世噶瑪巴曾親歷麗江，看到文峰山中常有紅光籠罩，顯現一尊紅色佛母修持金剛瑜伽舞，此佛母即金剛亥母，因此認證此地為金剛亥母聖地。

第十世大寶法王噶瑪巴（1604～1674年）曾於文峰山駐錫13年，他親自塑造了一尊金剛亥母像，供奉在靈洞中，並授記：「此尊塑像的身體將隨著時間漂移而不復存在，但塑像的頭不會損壞，如果頭部損壞，就預示著金剛乘佛法將在此地永久消失。」

文革浩劫時，佛像不知去向。直到幾年前，金剛亥母靈洞禪院進行修建，施工時挖出佛像的頭部，正如大寶法王所預言，身軀已不在，但頭部完好。這昭示著金剛乘教法將在此地發揚光大。

靈洞北側約數百公尺處有一塊黑色巨石，據說石中藏有開啟天國大門「華首門」的鑰匙。相傳釋迦牟尼十大弟子之一的迦葉尊者（佛教第一次集結的召集人）來東土傳教，曾在文筆山講經說法，當他要去雞足山華首門入定前，將一把鑰匙留在此石內。為什麼要到雞足山呢？因為雞足山是彌勒佛將來降世的道場，迦葉尊者在華首門守著釋迦牟尼佛袈裟入定，等待彌勒佛降世時傳給他法業。

由於這個傳說，自古至今，想朝聖雞足山的香客，必先到此地祭拜「借鑰匙」，返回時也需到此地再次祭拜「還鑰匙」。長久以來，這塊巨石被虔誠信徒觸摸得無比發亮（如今巨石已以欄杆加底座供高，無法靠近）。

自山腳看文筆山形如巨筆，植被濃郁，半山腰閃光處即金剛亥母靈洞。

即將抵達前，自盤山道轉彎處便可看到依山勢建築的寺廟與寮房。

站在寺廟眺望台，展望極佳。被茂密林木包圍的是文峰寺，再過去是水泥叢林麗江市，圖左遠方為玉龍雪山，圖右為文筆海。

金剛亥母靈洞正門入口。

嚴禁入內的金剛亥母閉關中心，立有說明牌：噶瑪噶舉滇西北十三大寺靜坐禪院獲得最高「都巴學位」傳統的三年三月三日三時之禪修中心。

傳說藏有開啟天國大門「華首門」鑰匙的黑色巨石，以欄杆加底座供高，禁止靠近觸摸。

迦葉尊者塑像，身後立著一把仿製能開啟天國大門的大鑰匙。

ཚང་དབྱངས་ཆོས་དོན་གྲུབ་པ། 迦叶尊者

鸡足山钥匙
KEY TO JIZUSHAN

麗江市
指雲寺 ཀཎ་ནམ་རྒྱལ་གླིང་།

　　指雲寺又稱指雲禪寺，藏語稱「噶瑪南傑林」（事業勝利洲），位於距麗江古城約18公里的拉市海西方山麓，始建於1727年，是大香格里拉地區噶瑪噶舉派的主寺，也是東寶仲巴活佛駐錫地，有蓮花生大士修行的山洞和巨型伏藏石等聖物。寺廟保存的《開山喇嘛僧立相遺言碑記》則記載此地也是印度高僧摩伽陀祖師閉關加持過的聖地。

　　18世紀初葉，有一納西族人名叫立相，在麗江古城福國寺（建於1601年）出家，法名饒森。有一次，大寶法王噶瑪巴來麗江召見僧侶考核，見饒森根器很好，帶其返藏深造。饒森學成返回麗江，打算建寺弘揚佛法，對寺址舉棋不定。恰逢高僧大班智達司徒卻吉炯乃蒞臨麗江，途經拉市海，看到海西秣度山五彩祥雲籠罩，於是指著五彩祥雲開示：「那是一處聖地，有蓮師留下的足印，也曾有不少高僧在那裡閉關，若能建寺，佛法必將興盛，永續不斷。」

　　於是，饒森大喇嘛在秣度山下修建寺院，命名為「指雲寺」，後並獲大寶法王賜名「噶瑪南傑林」。從此傳揚佛法，遠近揚名。

　　之後，指雲寺在戰火中化為烏有。光緒五年（1879年）在寺僧奔走下，才重新矗立；上世紀中葉又遭文革浩劫，後再度重建。

　　今日的指雲寺，巍峨富麗、氣勢非凡，各式殿堂亭閣雕繪華麗繽紛，呈現出漢、

將抵達指雲寺前，路旁有座書寫藏文嗡啊吽三種子字的精緻小塔。

藏、納西、白族建築藝術交融的特色，庭院有兩三百年前種植的岩桑、槐、銀杏、雲南櫻花等古樹花木，環境典雅清幽。

正大門兩側有對聯「佛手指雲呈淨土，禪心會意證菩提」；第二進另有對聯「指撥禪弦弘正道，雲開法景耀祥天」。雄偉壯觀的大殿中央供奉著釋迦牟尼佛十二歲等身像，是來自印度的鍍金銅像，華貴莊嚴，具有見解脫的加持力；左右則供奉著嘎舉派的歷代祖師像。

走過戶外左右兩長排中型轉經筒，道路盡處沿石階而上，平台涼亭內供奉著四尊面向東西南北向的地藏王菩薩。石階再繼續往上，最高處便是正在修建中的大型蓮師殿。居高臨下，可遠眺麗江境內最大的高原湖泊「拉市海」，也是雲南省第一個以濕地公園命名的自然保護區。

跨出寺廟正門，往右在寺後南側坡上有塊伏藏奇石，立牌寫著「求子求福拜陰陽神石」，從不同角度看，石塊分別呈現男女生殖圖騰形狀，石面還有梵文咒語，成為指雲寺一大奇景。

往左沿公路走約50公尺，即落水洞蓮師修行洞，由於歷代大寶法王也曾在此洞閉關修行，因此寺僧大多以噶瑪巴修行洞稱之，原本洞內有蓮師足印，但在文革時已遭破壞消失。

寺前廣場幾棵古樹有如撐開的巨傘，綠蔭蔽日，令訪客身心清涼。

指雲禪寺

禁止吸烟

談到落水洞的由來，有段傳奇記載。唐文宗太和時期，有一位印度摩伽陀國的高僧贊陀崛哆尊者，本要前往西藏傳揚密法，巧逢藏王朗達瑪滅佛，只好轉往南詔國，途經麗江，聽說拉市海秣度山下有座山洞，內有一尊十分靈驗的佛像，前往一看，原來是釋迦牟尼佛的 12 歲等身像（傳說是昔日要遠嫁吐蕃王的南詔公主江薩曲珍留卜的），尊者便在此聖地結廬閉關。雨季來臨

小小的長壽靈感殿，各式各樣佛像簇擁著釋迦牟尼佛；牆面則是蓮花生大士繪像。

時，拉市海水位升高，即將淹進山洞，尊者運用神通以禪杖將地面打出一個大洞，引水入內消退，此洞後來被稱為「落水洞」。

《麗江府志》則記載，「傳昔水潦不通，西僧摩伽陀趺坐石筍叢中，以杖穿穴泄水。」文中所說的「石筍叢」指水晶柱，指雲寺一帶山中曾有許多天然水晶柱，後來被開採一光。

據說此落水洞深不可測，文革時，紅衛兵破壞指雲寺，將大量佛像、經書等全扔進落水洞，扔下後不見蹤影。後來大量建築和垃圾不斷被倒入其中，落水洞終被填為平地。

│左頁
大門雕繪五彩繽紛，上下二門匾各以漢文和藏文標示寺名。

大鵬金翅鳥是三世一切諸佛智慧與方便的顯現，降伏一切魔障，象徵弘法利生事業的勝利。

站在最高處遠眺，高原湖泊「拉市海」如一條藍絲帶。

長排轉經輪盡頭拾階而上，便是正在興建的大型蓮師殿，巍峨富麗。

朝聖
扎記

對我而言，指雲禪寺這蓮師聖地，簡直是天上掉下來的意外禮物。

原本就排定 2019 年初要前往上師位於印度喜瑪拉雅山區的寺廟，因為搭中國東航前往加爾各答，需自昆明轉機，乾脆提早幾天抵昆明，拜訪麗江金剛亥母靈洞和木里藏族自治縣康塢大寺（註1），省下專程前往的機票錢。

甫抵達麗江，意外收到中心金師兄訊息告知麗江指雲禪寺是蓮師聖地。當下我有點疑惑，寺名聽起來像漢傳佛教禪宗。上網仔細搜尋，該寺竟然是噶瑪噶舉傳承，有聖跡「落水洞蓮師腳印」，於是臨時更動行程，前往一探究竟。

從麗江古城南口忠義市場搭 31 路公車，終點是位於拉市海西側山麓的指雲寺大門廣場。寺廟距麗江古城不到 20 公里，但因每站都有乘客上下，花了將近 1 小時，終點只剩我 1 人，師傅好心提醒我要留意時間，1 小時才有 1 班車。

寺前有幾棵古樹，像撐開的巨傘，綠蔭蔽日，陽光灑落，四周五色風馬旗在微風中輕揚，襯托幽靜古樸的寺廟，禪意味濃。

大門橫匾寫著「指雲禪寺」，資料記載係由當今禪門泰斗本煥老和尚親筆題寫；下方另有一區，龍飛鳳舞的草體藏文，是藏文寺名「噶瑪南傑林」，意思「事業勝利洲」。

另在不同位置看到兩個由麗江納西族自治縣人民政府立的石碑，一是 1982 年立，標註本寺屬縣級重點文物保護單位；一是 1999 年立，升格到屬於省級重點文物保護單位。兩塊石碑則均寫著「指雲寺」。

我從一下車，逢人就問：「請問落水洞蓮師腳印怎麼走？」

前後問過清潔人員、賣香品居士、3 位喇嘛，都回答不知道，喇嘛還強調這裡只有一個噶瑪巴修行洞，沒有蓮師洞。

落水洞蓮師閉關洞外觀。

我不死心，繼續四處找人問，問到一位來自四川甘孜州的女藏民，她聽人說過這兒有個蓮師修行洞，但也不清楚確實位置。

我再往後殿走，終於問到了，一位中年喇嘛說蓮師洞在寺廟大門外，左邊公路往拉市海方向走約 50 公尺，就在路邊，掛了很多五色風馬旗。

喔，和先前那位喇嘛說的噶瑪巴修行洞是同一個。

「蓮師這聖跡有名稱嗎？是叫落水洞嗎？」

「那是因為以前拉市海水量多時，地底下有水道通到修行洞位置，冒出水來，所以洞被稱為落水洞，但早已乾涸了。」

「那蓮師腳印還在嗎？」

「蓮師腳印在文革時被毀掉了。」

走到位於公路旁的蓮師修行洞，五色風馬旗簇擁，往裡凹入一淺洞，樹根攀附岩壁交纏，壁面左側繪著蓮師法像，右側繪著頭戴黑帽的噶瑪巴法像。地上供奉著一尊佛首，未進洞前，遠望佛首感覺雙眼圓睜直盯著來人，靠近了才看清闔眼閉目，神情寧謐，帶著些許滄桑。

我禮佛後凝視佛首，不知佛首來歷，或許也有一段傳奇故事，經由祂，我彷彿也看到了歷史浮沉與世事變遷～

註1：康塢大寺參見作者 2019 年出版《觀音在西藏 —— 遇見世間最美麗的佛菩薩》166 頁。

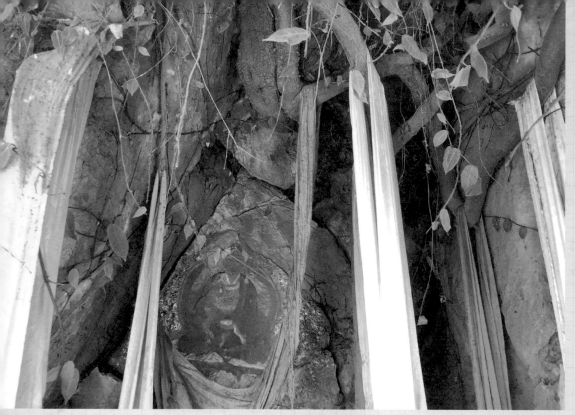

落水洞內樹根攀附岩壁蔓生，壁面繪有蓮師像。

落水洞的地面供奉了一尊佛首，莊嚴肅穆。

德欽縣
卡瓦格博神山 ཁ་བ་དཀར་པོ།

　　卡瓦格博，位於迪慶州德欽縣，藏語意思是白色雪山，俗稱雪山之神。很多人對卡瓦格博這名稱不熟悉，反而都稱其為梅里雪山，其實，梅里雪山是整座山脈的稱呼，由於共有13座海拔6000公尺以上的山峰，也稱為「太子十三峰」，而海拔6740公尺的卡瓦格博，便是太子十三峰的主峰。

　　「梅里」一詞藏語的意思是「藥山」，因盛產各種藥材而得名。傳說梅里雪山原是9頭18臂的兇惡煞神，後被蓮花生大士降伏，皈依佛教，統領邊地，成為一位保護神。

　　從飛來寺觀景台可以看到太子十三峰中主要的幾座，從左到右依序為緬茨姆峰（俗稱神女峰，傳說是卡瓦格博的妻子）、吉娃仁安（俗稱五冠峰或五指峰）、布迴松階吾學（傳說是卡瓦格博的小兒子）、帕巴尼頂九焯（十六尊者峰）、主峰卡瓦格博、瑪兵札拉旺堆（藏語意思是無敵降魔戰神，俗稱將軍峰）。這也就是觀賞著名的「日照金山」時所看到的連綿山峰名稱。

　　一般轉卡瓦格博的路線分為外轉和內轉，外轉路線跨越雲南省和西藏自治區，全程約200公里，需花7～10天左右；內轉路線約4～5天，這條朝聖路已經延續了700多年，是蓮師在禪定中預言的勝樂金剛24聖地之一。

依照傳統，轉山前需先到曲登閣和巴久寺取得轉山鑰匙（象徵取得山神的允許），然後到飛來寺觀景台面向卡瓦格博煨桑，敬獻一束扁柏、一包青稞粒或麥粒，順時針繞轉白塔3圈，再面對神山禮拜。之後才可以開始轉山。

曲登閣海拔近3000公尺，位於德欽縣巨水村，距縣城5公里。曲登是佛塔的意思，小小的寺廟，卻是藏民朝拜神山前取得轉山鑰匙的重要地，歷史悠久，堪稱是德欽縣香火最旺盛的寺廟。

在曲登閣祈求神山賜福的方式非常獨特，是往寺廟外牆潑灑石灰水（一旁有小販在賣一桶桶調好的石灰水），以致寺廟外牆全呈白灰色，連轉經筒也是。在大轉經筒殿房和點燈房之間還有成片的石灰柱相連，這些石灰柱也都是信眾經年累月潑灑石灰水而形成。

取轉山鑰匙第一處：曲登閣。

日照金山，主峰卡瓦格博帶著魅惑之美於晨曦中甦醒；下方為明永冰川。

2005年我首度內轉梅里雪山，這位置只有8個白塔和煨桑台，隔著瀾滄江與神山對望，
如今已變成高牆圍繞的嶄新觀景台，需購票才能進入。

左為傳說卡瓦格博妻子的緬茨姆峰，右為五冠峰，兩峰山容非常特殊。

飛來寺原名「覺吾南卡扎西」，意思是「佛祖虛空吉祥」。傳說建寺者在卡瓦格博閉關，禪定中見到一尊佛像從印度飛來，降在對面山頭，找到佛像後，興建了寺廟。圖中右下方山谷即德欽縣城一隅。

另一處取得轉山鑰匙處是巴久寺，位於瀾滄江邊。網路資料記載巴久寺有蓮師留下的手指印和腳趾印，但我前往時找不到，請教寺裡喇嘛，他也不知道，只熱心帶我去看金剛亥母的聖跡、自然形成的白塔和大成就者留下的腳印等。

轉山，無論從尼農或從西當啟程，第一天都是抵達雨崩村住宿，雨崩村分為上村和下村，之間隔著小溪谷，落差約百來公尺，各有數十戶人家，景觀清新純樸，宛如世外桃源，主要因為長久以來只能徒步進出（2018年才通車）。

以雨崩村為中心，可放射狀前往神瀑、大本營（昔日攀登卡瓦格博峰的基地營）、冰湖和神湖。

從雨崩村前往神瀑是最經典的轉山路線，腳程快者半天便可來回。途中會經過許多聖跡，立有說明牌，包括卡瓦格博糧倉、些里崩廟、曲紐崩頂廟、五樹同根、蓮花生泉水、噶瑪巴二世腳印、空行母聖地、觀世音聖水、文殊菩薩聖水、金剛手聖水、蓮師修行洞、中陰導引洞、山壁上的蓮師身像、加興崩（意指天帝存放財富的倉庫）等，最後才抵達海拔3657公尺的雨崩神瀑。

蓮師修行洞位於途中海拔3400公尺的斷崖上，被稱為「白瑪珠普」（意即蓮師修行洞），相傳蓮師曾在這裡修行5天，調伏了諸魔鬼怪，對卡瓦格博及其眷屬委以重任保護眾生和佛法事業，並在這一帶埋下珍貴的伏藏。

取轉山鑰匙第二處：巴久寺。

從民宿陽台俯瞰下雨崩村，寧靜安詳。後方雲霧中雪山即緬茨姆峰。

「白瑪珠普」蓮師閉關修行洞位於巨岩底部。

白瑪珠普小佛殿內，供奉著蓮師塑像；右側騎馬小塑像為格薩爾王。

蓮師修行洞蓋了一間小佛殿，此圖攝於2005年，寺廟外牆保留石砌本貌；2017年前往，已全漆成紅色。

以白瑪珠普蓮師修行洞為中心，有小路可繞轉，圓滿一圈只需數10分，途中居高臨下可盡覽壯麗雪景，轉山路旁並有許多用石塊蓋成的小石頭房，是朝聖者發願來世轉生諸佛菩薩淨土，早日脫離輪迴苦海，為來生準備的象徵。

蓮師修行洞旁還有一中陰導引洞，洞內通道狹窄，象徵中陰之路（從死亡到投生的階段），全長不到30公尺，全程只能匍匐前進。如果能順利穿過，表示死時不會在中陰迷路，也能免墮惡道。

神瀑有三道，居中名福運瀑布，據說是佛母耶謝措嘉與千佛共同加持過的寶瓶聖水；左側名長壽瀑布，是無量壽佛的寶瓶水；右側名淨障瀑布，懸崖上是金剛亥母的三角法源宮。

神瀑有三道，長壽瀑布、福運瀑布和淨障瀑布。朝聖者均會在瀑布下方繞行三圈，沐浴神瀑水，全身溼透接受加持。

朝聖者通常會向神瀑磕頭、誦經、燃香或煨桑，然後在神瀑下繞行三圈，沐浴神瀑之水並許願。《卡瓦格博聖地誌》記載「朝拜神瀑能使有福之人增福，無福之人得福；有壽之人增壽，壽盡之人延壽。」但若是犯過重大罪孽者，神瀑會神奇地四散飄揚或隱身於空中不見，讓這人無法受到神瀑水的灌頂加持。

冰湖冬季會整個結冰，此圖攝於 5 月下旬，逐漸融化中。

從雨崩村前往冰湖朝聖，會經過登山大本營，路程比神瀑長，但也 1 天就可來回。冰湖海拔 3864 公尺，被稱為卡瓦格博神山的魂湖，係由冰川掘蝕成的冰斗地貌和冰磧物堵塞冰川槽谷積水而形成。

另外，神湖是近幾年開發的新景點，是個美麗的高山湖泊，因非傳統轉山路線，加上路程遙遠，路跡不明，朝聖者較少前往。

離開雨崩村轉往明永冰川朝聖，早期從明永村到最靠近冰川的蓮花寺完全靠徒步，如今景區管理處已開闢了公路，可先搭一段電瓶車再徒步，節省時間和體力。

上行先抵達袞緬寺（又稱太子寺），原為噶舉派，目前寺廟改由格魯派管理。保存有噶瑪巴三世和卡瓦格博 8 歲時的腳印，寺後側有一天然石經書，全是自然形成的藏文。

海拔 3500 公尺的蓮花寺，屬寧瑪派，主供蓮花生大士，一旁還有精緻的兩尊佛母耶謝措嘉和曼達拉娃塑像。

2005 年 5 月，蓮花寺綠意盎然，後方明永冰川彷彿就要奔騰而下。

2017 年 12 月，蓮花寺修建中，一片淩亂，明永冰川似乎因暖化後退了；
中央遠方即主峰卡瓦格博神山。

今生與蓮花生大士、與藏民之間第一次美好的邂逅,就發生在內轉卡瓦格博神山時~

2005年5、6月我獨行大西藏,從麗江啟程,徒步虎跳峽後,接著目標是梅里雪山,自西當溫泉徒步抵達上雨崩那天,藏族民宿老闆半開玩笑說我「運氣很好」,前一天來了30多名遊客,我到的那天全村只有我1名遊客。

中午自民宿出發前往雨崩神瀑,經過下雨崩小寺廟時,看到2位藏民和1位阿尼正在一圈又一圈繞轉,年紀最大的老者看我拍完照就要離開,「喂喂喂」叫住我,滿臉誠懇比手畫腳要轉三圈才能離開。我乖乖轉三圈時,年輕阿尼在一旁捂著嘴笑。

分手後我獨自前往雨崩神瀑,途中看到右側半山腰緊捱岩壁有座小寺廟,在冰冷的雪地之上,隔空對我散發出一種無以言喻的吸引力,返程我特地沿著窄小的山道爬上去,小寺廟

供奉著蓮花生大士,是以昔日蓮師修行洞為基礎往外順勢修建而成的。

那時還未修學藏傳佛教,看到修行洞只是壁崖上往內凹的一個小空間,想到1000多年前,蓮花生大士在此閉關,這樣的小山洞是要如何遮擋風霜雨雪?心生佩服,蓮花生大士的名號也在我心中播下了種子。

爬到寺廟前方小空地,一對年輕男女和一老婦正在生火,語言不通,比畫半天才搞清楚他們從遠地來轉山,晚上要住在小寺廟一旁的簡陋木棚,我比畫著夜晚會非常冷,怎不到村裡借宿藏民家?他們憨笑著搖頭擺手。最後我掏出背包裡所有餅乾和糖果送他們,他們推辭許久才收下。

在小廟內點燃一盞酥油燈,虔誠祈禱後,我拿出風馬旗掛到寺外大樹上,靜靜站了一會,俯瞰下方雪原,晶瑩聖潔,在海拔3600公尺處,不知是高僧修行聖地產生的加持能量,還是純樸藏民虔誠信仰的力量,感染我

身心充滿寧靜與安詳。

　　隔天我在民宿吃早餐，阿尼等 3
人經過窗外，我出聲打招呼，他們露
出微笑，比劃著要我和他們一起下山，
恭敬不如從命，於是結伴而行，老者
為首，我走在最後面，他們三人不多
話，一路安安靜靜、有節奏地走著。

　　我喜歡這樣的偕行。

　　從西當溫泉到另一轉山起始點明
永村，距離 40 多公里，沒有大巴，我
原先計畫搭便車兼徒步。遇到他們後，
我改變主意，藏民轉山全靠步行，老
者年紀不小了，我不忍心讓他在艷陽
下走 40 多公里土路。

感謝你們，讓我生命中第一次轉山的經驗如此美好～

包車後，我請藏族師傅居中翻譯，才知三人來自四川得榮縣，年紀最長的老者叫「阿金」，72歲，會說幾句普通話，已來朝聖過三次，這回特地陪兩位鄰居前來，他們從老家輾轉搭車到雲南德欽縣城，之後徒步，夜宿藏民家，三餐吃自己帶的簡單食物。

從明永村徒步往蓮花寺，一路阿金如識途老馬，不斷帶走捷徑，遇到景點就停下對其他兩人解說，每次都講很久，相對我找到的資料只有三言兩語，當時很後悔沒早學藏語，錯失阿金精采的解說。

抵達海拔2900公尺的太子廟，煨桑煙霧裊裊，阿金盤腿專注念誦〈卡瓦博格峰諸神禮讚經文〉，另兩人對著寺院持續禮敬叩頭，四周經幡旗飄揚。那一幕讓我對藏民虔誠的信仰無比感動。

過太子廟後，有處聖地名「空行母的舞池」，木牌解說是蓮花生大士佛母修法起舞之處，上方峭壁之上還有多處聖跡，包括天然形成的聖物

阿金帶我們攀爬岩壁來到蓮師修行打坐的岩石法座；每人輪流靜坐。

白海螺、蓮師修行打坐的岩石大法座、與雨崩神瀑同樣神聖的水簾小神瀑等，阿金帶我們攀拉蔓藤爬上峭壁，找到聖跡逐一禮拜，還在水簾小神瀑下誦經繞行。（2017 年我二度轉山，指示牌消失，這幾個聖跡不知藏身何處）

完成蓮花寺朝聖後，阿金向寺廟借了廚房，阿尼打酥油茶，我們彼此分享食物。下山時，三人因圓滿朝聖了，心滿意足，阿尼持續低聲誦經，其他兩人則唱著旋律簡單但聲調優美的和聲。

最後要分手時，阿金拉著我的手放到他額前，喃喃自語，我明白意思應該類似之前他請包車師傅轉告我的話：「你很善良，我們不知道要說什麼，只有誠心祝福你一路旅途平安，事事如意。」我眼眶一熱，趕緊雙手合十回敬。

望著他們 3 人邊往前走邊回首向我揮手道別的身影，眼前如走馬燈般浮現彼此間用簡單幾句話加比手畫腳溝通的畫面；也出現當他們看到數位相機景窗內自己的身影、聽我用 MP3 為他們錄的各人的聲音時，笑得有如孩童般天真的神情；還有聽〈蓮師七句祈請文〉、〈百字明咒〉、〈心經〉等藏語音檔，隨之誦得入神的虔誠神態……。

阿金，感謝你們 3 人，讓我生命中第一次轉山的經驗如此美好；也讓我對藏族人民的真善美，刻骨銘心！

看見無常

2020 年 1 月中旬，我自四川甘孜藏族自治州朝聖返台，和家人共度農曆新年後飛往印度，參加蓮師極密聖地貝瑪貴大法會及〈紐涅〉閉關，再轉往錫金朝聖，3 月上旬返台。中旬後新冠肺炎疫情如野火燎原，蔓延全球。我本計劃春天再走一趟藏區，補拍照片及朝聖兩處新獲悉的蓮師聖地，只好取消。

看到疫情慘重城市，親人生離死別，不免感嘆生命的脆弱、亡者的孤單、生者的寂寥……。

這些其實和我幾年來朝聖時最深的體驗並無不同，因緣和合而生，緣盡而滅，一切都在不斷變化中，諸行無常啊！

生老病死是無常，春夏秋冬、花開花落、晨曦晚霞、月圓月缺，乃至一呼一吸，種種我們習以為常的日常，也都是無常，不會永恆不變。所以要珍惜每一個當下的擁有，因為你不知道下一刻是否就失去了。

也因為無常，即使遇到挫折，我依然對明日充滿希望，因為——真空生妙有！

＊　　　＊　　　＊

有些聖地探訪過程很順利，有些違緣重重，需一而再、再而三才成功（有幾處最後仍抱憾）。也有些原本沒希望，卻又突現貴人相助，瞬間「柳暗花明又一村」。

一開始我捨不得花幾千塊台幣包車，後來發現大多聖地偏僻，不包車根本去不了。最後轉念，包車花費就當是練習對金錢的「捨」吧，而且錢不是花在吃喝玩樂，是為了圓滿朝聖，最終利益眾生，還有什麼捨不得？就此放下。也因此結交到幾位信仰虔誠的藏族師傅（司機），之後得到他們許多幫助。

　　在不同城鎮間移動時，固定大巴有限（每日一班），大多以拼車方式搭私家車，最長曾等過 3 小時才拼滿人數出發。等待時，我通常持念珠或坐或站或經行持咒，這舉動一點也不突兀，四周幾乎都是手持念珠的藏民，還因此引起藏民好奇搭訕，問我持什麼咒？就此打開話題，也常帶來意外收穫。

＊　　　＊　　　＊

　　感謝每一趟旅程中，將我和全車乘客平安送達目的地的司機先生。

　　感謝在我收集資料、出發、旅途……等過程中，幫助我的每一位無論識與不識的善護助，我會永遠記得你們的善良與微笑。

　　感謝所有在偏僻高海拔聖地長期閉關的修行者，你們對佛、法、僧、上師不退轉的信念、恭敬心和精進心，令我五體投地佩服，願以你們為楷模，盡此一生（一身），努力修學。

　　感謝家人（尤其是先生文河）的支持與包容，我才得以在年過一甲子，還能持續走在自己想走的路上，自由自在，圓滿夢想。

　　回想大學參加山地服務團，外出募款遭拒又被冷嘲熱諷，我忍不住流淚，當時男友文河安慰我：「別難過，將來我賺錢讓你無後顧之憂作社會服務！」年過半百，文

河實現了這個承諾，不僅長期護持我上師寺廟（位於印藏邊界蓮師聖地貝瑪貴）；贊助我組醫療隊於喜瑪拉雅山區進行健康保健服務；我發願撰寫蓮師聖地和觀音聖地的書，他也給予精神和金錢的支持，還叮嚀途中多多幫助需要幫助者和寺廟⋯⋯。

＊　　　＊　　　＊

泰戈爾有一首宗教抒情詩，頗適合拿來描繪我完成本書時的心情。

我旅行的時間已久，旅途也很漫長。
我在第一束晨光裡驅車啟程，穿過廣袤的世界⋯⋯
旅客要在每個生人門口敲叩，才能叩響自己的家門。
人要在外面到處漂流，最後才能到達內心深處的神龕。

寫完本書，圓滿了多年前的發願——朝聖記錄蓮師聖地與有緣眾生分享。而後，我要專心一意磨破自己的坐墊去了！（註）

本書版稅護持貝瑪貴菩提昌盛寺

註：頂果欽哲仁波切開示：「上等修行人會磨破自己的坐墊，不會磨破自己的鞋底。」

朝聖交通指南

看過本書，您可能想要前往聖地朝聖，那麼，該如何前往呢？

由於本書並非旅遊導覽書；也由於大多數聖地都無明確交通方式（我自己前後幾回朝聖同一聖地，交通方式也有差異）；再加上大藏區狀況變化快速，今日提供的資訊，很可能不久就變了。因此，以下只說明大原則提供參考。詳細及最新狀況請在出發前上中國 Baidu 百度網站查詢 https://www.baidu.com

西藏自治區

由於台灣人無法在西藏自治區自由行，需先辦理「台胞入藏批准函」等多種證件才能進入，並需依規定聘請導遊及租車（含司機），因此，朝聖西藏的交通不需傷腦筋，只要列出想去的聖地名稱，委託旅行社代辦就搞定。

至於旅行社的選擇，可直接找專辦西藏旅遊的知名大旅行社，或上網搜索自助旅行網站「背包客棧」https://www.backpackers.com.tw，很多網友在西藏論壇版面，以個人經驗推薦旅行社。

青海省

先抵達青海省西寧市（海拔約 2300 公尺），住宿一晚，讓身體逐漸適應高度。

西寧市內有好幾個長途汽車站，最大的是位於西寧火車站東側的西寧汽車站（建國大街建國路 1 號），每天有各種中、大型巴士開往各自治州的城鎮，抵達離聖地最近之處後，再以拼車方式或單獨包車方式前往聖地。

由於青海省幅員廣闊，從西寧市到最南側的玉樹藏族自治州首府結古鎮，相距就八百多公里，搭車需十多個小時，建議安排行程時需列入考量。

甘肅省

前往甘南藏族自治州，可於省會蘭州市七里河區的汽車南站搭車，班次非常多。另由於甘南州靠近四川阿壩州，也可將之排入阿壩州朝聖的行程中。

四川省

先抵達省會成都市，於新南門汽車站（又名成都旅遊客運中心，位於成都市新南路 2 號），搭車前往甘孜藏族自治州各大城鎮，再以拼車方式或單獨包車方式轉往聖地。

在武侯祠橫街和洗面橋橫街所組成的十字街區一帶（俗稱藏族一條街），每日也有拼車前往甘孜藏族自治州各地，搭乘者以藏民為主，通常一早出發，當天即可抵達。但由於甘孜州各城鎮海拔均超過 3000 公尺，一天就抵達，易發生嚴重的高原反應，比較不建議搭乘，最好能先在海拔 2000 多公尺處住一晚，讓身體適應，再往高海拔走。

前往阿壩藏族羌族自治州，則需於茶店子汽車站（位於成都市西三環路五段 289 號）搭車。

新南門汽車站與茶店子汽車站均有成都地鐵抵達，交通很方便。

抵達藏區後，通常轉往各鄉鎮的客運班車非常少，甚至沒有，只能搭民營小車，師傅（大陸對司機的稱呼）大多會於客運站附近吆喝拉客，人滿（依車型大小，4～7 人不等）即發車。車錢固定，和當地人付相同即可。有時師傅看到外地來的人，會遊說單獨包車，雖然省時方便，但費用高很多（可砍價），也無法保證師傅素質，請自行斟酌。

雲南省

台灣可搭機直達麗江（海拔 2400 公尺），也可先抵達昆明（海拔 1892 公尺），再由昆明轉往麗江或迪慶藏族自治州府香格里拉（又稱中甸，海拔 3160 公尺），搭機、火車或動車（高鐵），任君選擇。

據報導，麗江到香格里拉的動車將於 2020 年底開通，到時，昆明到香格里拉全線可搭動車，只需 3 小時。

建議在昆明或麗江或香格里拉住宿一晚，以適應高海拔。然後從香格里拉轉搭大巴前往德欽縣城，若車上很多乘客要轉往飛來寺，大巴司機會額外收費開到飛來寺（距離約 8 公里），萬一人少不開，可搭德欽汽車站外的民營車。

若要轉山，可上網搜尋，資料非常多。

總結：

因為不確定因素眾多，朝聖過程一定困難重重，但也正因為這樣，當你克服萬難，成功抵達聖地並圓滿朝聖後，那種發自心靈深處的滿足和法喜，難以形容，會讓你上癮，一而再，再而三，不斷地走在朝拜蓮師修行聖地的路上。

關鍵在於：唯有信心！唯有祈請！最後別忘發願及迴向！

104 台北市中山區民生東路二段 141 號 5 樓

城邦文化事業股分有限公司
橡樹林出版事業部　收

橡 樹 林

書名：蓮師在西藏 2 —— 大藏區蓮師聖地巡禮　書號：JK0005

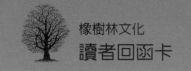

橡樹林文化

讀者回函卡

感謝您對橡樹林出版社之支持，請將您的建議提供給我們參考與改進；請別忘了
給我們一些鼓勵，我們會更加努力，出版好書與您結緣。

姓名：＿＿＿＿＿＿＿＿＿＿＿　□女　□男　　生日：西元＿＿＿＿＿＿年

Email：＿＿＿＿＿＿＿＿＿＿＿＿＿＿＿＿＿＿＿＿＿＿＿＿

● 您從何處知道此書？

　□書店　□書訊　□書評　□報紙　□廣播　□網路　□廣告 DM　□親友介紹

　□橡樹林電子報　□其他＿＿＿＿＿＿＿

● 您以何種方式購買本書？

　□誠品書店　□誠品網路書店　□金石堂書店　□金石堂網路書店

　□博客來網路書店　□其他＿＿＿＿＿＿＿

● 您希望我們未來出版哪一種主題的書？（可複選）

　□佛法生活應用　□教理　□實修法門介紹　□大師開示　□大師傳記

　□佛教圖解百科　□其他＿＿＿＿＿＿＿

● 您對本書的建議：

＿＿＿＿＿＿＿＿＿＿＿＿＿＿＿＿＿＿＿＿＿＿＿＿

＿＿＿＿＿＿＿＿＿＿＿＿＿＿＿＿＿＿＿＿＿＿＿＿

＿＿＿＿＿＿＿＿＿＿＿＿＿＿＿＿＿＿＿＿＿＿＿＿

＿＿＿＿＿＿＿＿＿＿＿＿＿＿＿＿＿＿＿＿＿＿＿＿

處理佛書的方式

佛書內含佛陀的法教，能令我們免於投生惡道，並且為我們指出解脫之道。因此，我們應當對佛書恭敬，不將它放置於地上、座位或是走道上，也不應跨過。搬運佛書時，要妥善地包好、保護好。放置佛書時，應放在乾淨的高處，與其他一般的物品區分開來。

若是需要處理掉不用的佛書，就必須小心謹慎地將它們燒掉，而不是丟棄在垃圾堆當中。焚燒佛書前，最好先唸一段祈願文或是咒語，例如唵（OM）、啊（AH）、吽（HUNG），然後觀想被焚燒的佛書中的文字融入「啊」字，接著「啊」字融入你自身，之後才開始焚燒。

這些處理方式也同樣適用於佛教藝術品，以及其他宗教教法的文字記錄與藝術品。

ཨོཾ་གི་ནི་ཤུ་ཙ་དྲུག་པ་འདི་དཔེ་ཆའི་ནང་དུ་བཞག་ན་དཔེ་ཆ་དེ་ཉིད་འདུར་

བགྲོམས་ཀྱང་ཉེས་པ་མི་འབྱུང་བར་འདྲམ་དཔལ་རྩ་རྒྱུད་ལས་གསུངས་སོ།། །།

此咒置經書中　可滅誤跨之罪

朝聖系列　JK0005

蓮師在西藏 2 ——大藏區蓮師聖地巡禮

作　　　者／邱常梵
責 任 編 輯／丁品方
業　　　務／顏宏紋

總 編 輯／張嘉芳
出　　　版／橡樹林文化
　　　　　　城邦文化事業股份有限公司
　　　　　　104 台北市民生東路二段 141 號 5 樓
　　　　　　電話：(02)2500-7696　傳眞：(02)2500-1951
發　　　行／英屬蓋曼群島商家庭傳媒股份有限公司城邦分公司
　　　　　　104 台北市中山區民生東路二段 141 號 2 樓
　　　　　　客服服務專線：(02)25007718；25001991
　　　　　　24 小時傳眞專線：(02)25001990；25001991
　　　　　　服務時間：週一至週五上午 09:30 ～ 12:00；下午 13:30 ～ 17:00
　　　　　　劃撥帳號：19863813　戶名：書虫股份有限公司
　　　　　　讀者服務信箱：service@readingclub.com.tw
香港發行所／城邦（香港）出版集團有限公司
　　　　　　香港灣仔駱克道 193 號東超商業中心 1 樓
　　　　　　電話：(852)25086231　傳眞：(852)25789337
　　　　　　Email: hkcite@biznetvigator.com
馬新發行所／城邦（馬新）出版集團【Cité (M) Sdn.Bhd. (458372 U)】
　　　　　　41, Jalan Radin Anum, Bandar Baru Sri Petaling,
　　　　　　57000 Kuala Lumpur, Malaysia.
　　　　　　電話：(603) 90578822　傳眞：(603) 90576622
　　　　　　Email：cite@cite.com.my

封面設計／兩棵酸梅
內文排版／歐陽碧智
印　　刷／韋懋實業有限公司

初版一刷／2020 年 10 月
ISBN ／ 978-986-99011-7-8
定價／ 750 元

城邦讀書花園
www.cite.com.tw

國家圖書館出版品預行編目（CIP）資料

蓮師在西藏 2：大藏區蓮師聖地巡禮／邱常梵著. --
　初版. -- 臺北市：橡樹林文化，城邦文化出版：
　家庭傳媒城邦分公司發行，2020.10
　　面；　　公分. --（朝聖系列；JK0005）
　　ISBN 978-986-99011-7-8（平裝）

1. 朝聖　2. 佛教修持　3. 中國

224.9　　　　　　　　　　　　　　　　109014946